Andrea Klein

PRAXISWISSEN

NÄHEN MIT DEM Coverlock-Stich

Ein Lernprogramm & Nachschlagewerk

CV

INHALT

NÄHEN AUF NEUEM LEVEL!

Ich habe bereits viele Nähprojekte umgesetzt, jedoch bislang nur begrenzte Erfahrung mit einer Coverlock gesammelt. Um so interessierter war ich, als dieses Buchprojekt an mich herangetragen wurde. Für die Modelle in diesem Buch durfte ich die Coverstichmaschine **eXtend covermax** ausgiebig testen. In Kombination mit der Overlockmaschine **eXtend 864air** ein perfektes Team für eine professionelle Verarbeitung.

Es hat eine Weile gedauert, mich mit den Feinheiten der Coverlock vertraut zu machen und mich einzuarbeiten, aber die investierte Geduld hat sich mehr als gelohnt. Endlich wirken die Nähte meiner Jerseymodelle professioneller und hochwertiger.

Heute ist die Coverlock meine absolute Lieblingsmaschine! Ich bin begeistert von den vielfältigen Möglichkeiten, die sie mir bietet. Ihre Anwendung geht weit über das bloße Versäubern und Säumen hinaus. Die breite Palette an verfügbaren Ziernähten eröffnet mir ungeahnte kreative Raffinessen.

Das Experimentieren mit Farbvariationen, unterschiedlichen Sticharten und faszinierenden Effektgarnen macht unglaublich viel Spaß. Mit minimalem Aufwand kann ich nun individuelle Modelle kreieren und meiner Kreativität freien Lauf lassen.

eXtend
covermax
elna

Rund um die Coverlock

Die Coverlock ist eine wahre Bereicherung für alle Nähbegeisterten und bietet eine Vielzahl von Möglichkeiten, um Nähprojekte auf das nächste Level zu heben. Sie stellt eine wertvolle Ergänzung zu einer Nähmaschine und einer Overlockmaschine dar.

Im Gegensatz zur Overlock, die sich hauptsächlich auf das Schneiden, Versäubern und Verbinden von Stoffen konzentriert, brilliert die Coverlock mit ihren spezialisierten Fähigkeiten. Da sie kein Schneidemesser besitzt, ist sie in der Lage, im Stoff zu nähen. Die Hauptaufgabe einer Coverlock besteht darin, professionelle Säume anzufertigen. Die Säume zeichnen sich durch ihre hohe Elastizität und Belastbarkeit aus und neigen nicht dazu, sich seitlich zusammenzuziehen. Durch den Differentialtransport kann das Ausdehnen und Wellen von Stoffen verhindert werden. Neben dem Säumen bietet die Coverlock die Möglichkeit, Kanten wie Hals- oder Armausschnitte einzufassen und Ziernähte zu kreieren.

Je nach gewünschter Naht kann die Coverlock mit einer, zwei oder auch drei Nadeln betrieben werden. Die Breite der Nähte ist durch die Nadeln vorgegeben und kann nicht anderweitig verstellt werden. Wird in die Coverlock nur eine Nadel eingesetzt, näht sie einen Kettenstich.

Ein wahres Highlight der Coverlock ist der optisch sehr ansprechende Deckstich! Dieser Stich ermöglicht es, die gewünschte Ziernaht von der rechten Stoffseite aus zu nähen. Das Nähen von links, ohne eindeutige Kontrolle auf die Nahtposition, entfällt.

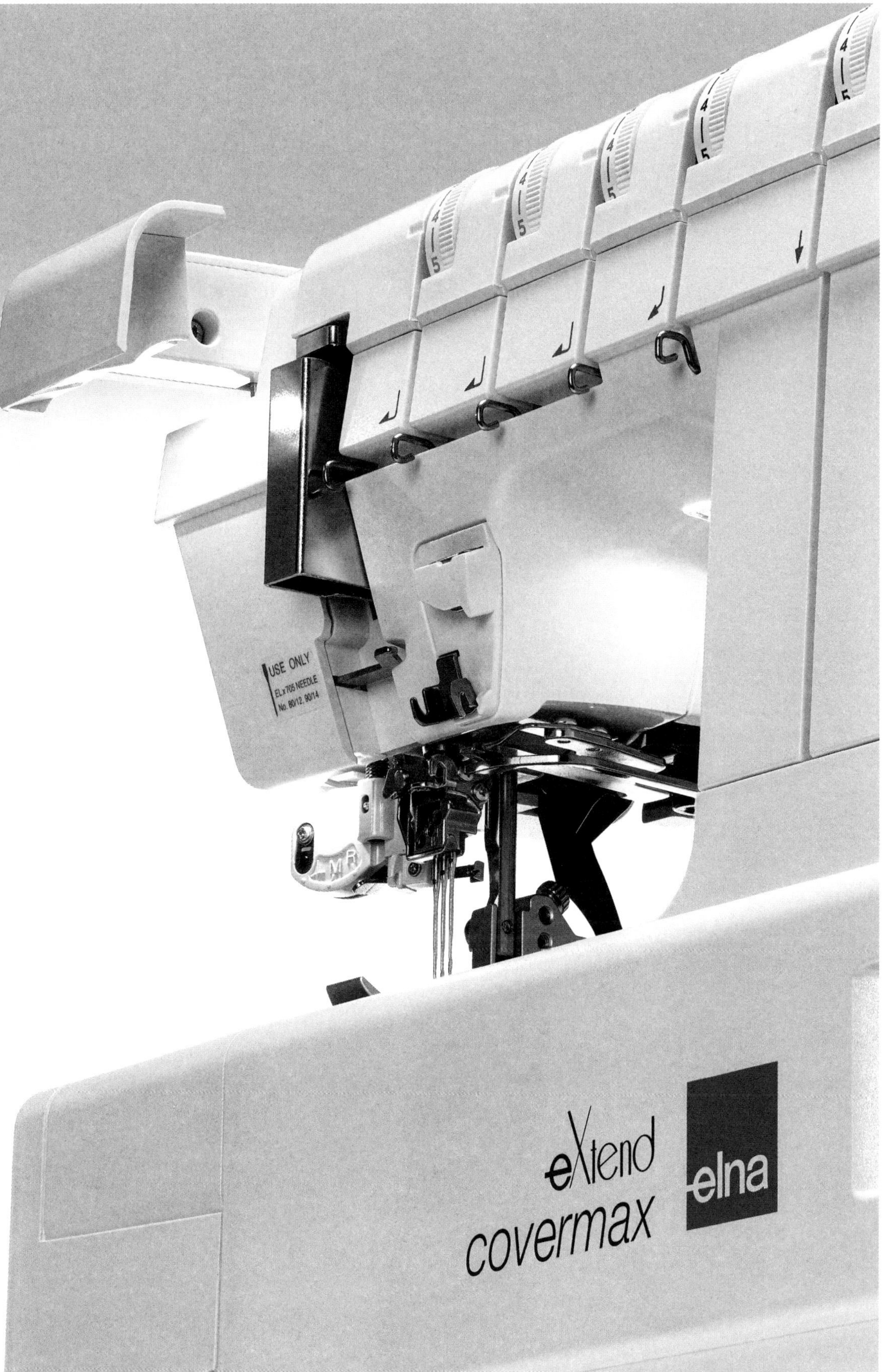
USE ONLY
EL×705 NEEDLE
No. 80/12, 90/14
eXtend
covermax
elna

Die Coverlock im Einzelnen

Die grundlegenden Komponenten der Maschine, mit denen man sich zu Beginn vertraut machen sollte, sind wie folgt:

1 Fadenführungsstange

Sie zeigt den Weg für die einzelnen Fäden. Die Fadenführungsstange bis zum Anschlag nach oben ziehen und so drehen, dass sich die Fadenleitösen direkt über den Spulenstiften befinden.

2 Nadeln

Verwendet werden eine bis drei Nadeln, die an unterschiedlichen Positionen, je nach Stichart, eingesetzt werden können.

3 Nähfuß

Für die unterschiedlichen Näharbeiten gibt es verschiedene Nähfüße. In der Regel wird ein Metallfuß verwendet. Zum Austauschen des Nähfußes die Nadel mit dem Handrad in die höchste Position stellen und den Nähfußheber anheben. Die Taste auf der Rückseite des Nähfußhalters drücken, dann fällt der Nähfuß heraus.

4 Stichlänge

Um die Stichlänge einzustellen, das Stichlängenrad drehen. Je höher die Zahl, desto länger ist der Stich. Je kleiner die Zahl, desto kürzer ist der Stich. Die Stichlänge für normale Näharbeiten beträgt 3.

5 Differentialtransport

Der Differentialtransport kann durch Drehen des Differentialtransportreglers geändert werden. Den Regler für normale Näharbeiten auf 1,0 einstellen. Beim Nähen feiner Stoffe, die leicht Falten werfen, den Regler auf eine niedrigere Zahl einstellen. Eine höhere Zahl einstellen, wenn Stretchstoff wie Maschenware, Jersey oder Trikot genäht wird.

6 Feineinstellungshebel

Mit dem Feineinstellungshebel wird die Fadenspannung des Greifers mit einem Klick an den Stoff angepasst. Den Feineinstellungshebel auf STD. für Standard-Stoffe bis schwere Stoffe einstellen, auf FINE für feine Stoffe.

1
eXtend
covermax
elna

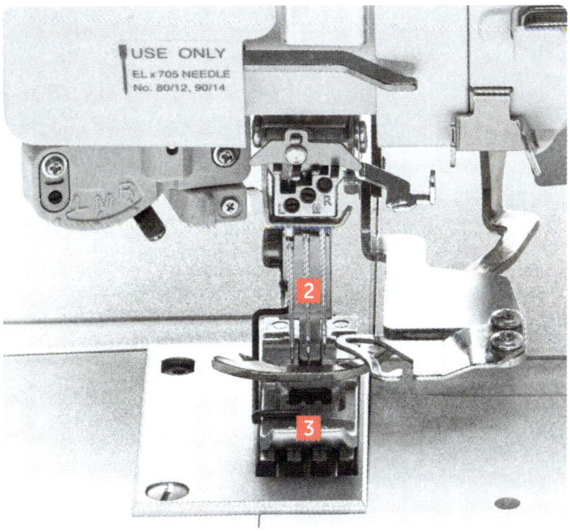
USE ONLY
EL x 705 NEEDLE
No. 80/12, 90/14
2
3

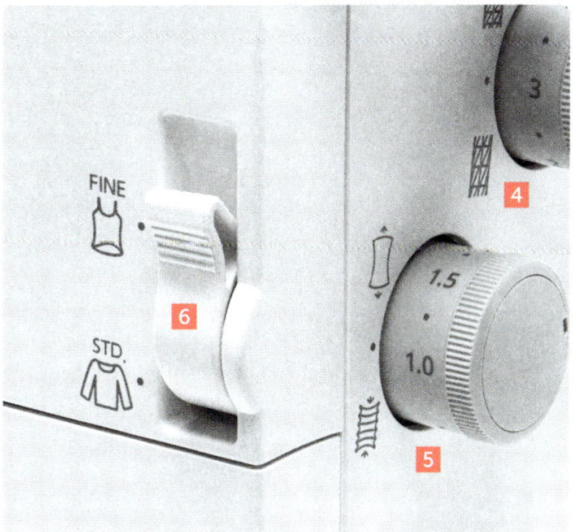
FINE
STD
6
3
4
1.5
1.0
5

Nadeln für die Coverlock

Für ein gleichmäßiges, professionelles Nahtergebnis sind qualitativ hochwertige Nadeln unerlässlich.
Die Nadeln müssen beim Nähen einer großen Krafteinwirkung standhalten. Aus diesem Grund sind die Wahl der richtigen Nadelart und -stärke und das regelmäßige Austauschen sehr wichtig. Spezialnähmaschinen wie die Coverlock benötigen besondere Nadelsysteme. Diese sind an die speziellen Anforderungen angepasst und nicht gegen andere Haushaltsmaschinennadeln austauschbar. Sie besitzen eine zweite Fadenrinne, die die Stichbildung unterstützt, sodass nur eine geringe Fadenspannung erforderlich ist. Darüber hinaus haben die Nadeln eine spezielle Schaftgeometrie, die das Auslenken und somit den Bruch der Nadeln verhindert.
Für das Nähen mit der Coverlock sind folgende Nadeln zu empfehlen:

ELx705 SUK CF (z.B. von Schmetz)

Durch die mittlere Kugelspitze besonders für Maschenware, wie z.B. Jersey oder Sweatshirtstoffe, geeignet.

ELx705 CF (z.B. von Schmetz)

Sie besitzt eine leicht verrundete Spitze und ist für eine Vielzahl von unelastischer Webware, wie z.B. Leinen, Kord, Batist, Popeline usw. einsetzbar.
Auch die Nadelstärke ist für ein schönes Nähergebnis besonders relevant. Die Dicke des Schaftdurchmessers wird in Millimetern mit dem Kürzel NM angegeben. Die üblichen Stärken sind NM 65, NM 80 und NM 90, sie müssen dem jeweiligen Stoff und Nähprojekt angepasst werden:

65 – für sehr dünne Stoffe geeignet. Diese Nadelstärke vermeidet Maschen- oder Garnbeschädigungen. Da diese dünne Nadel sehr leicht auslenkbar ist, kann es häufiger, speziell beim Nähen über Nähte, zu Fehlstichen kommen.

80 – die mittlere Nadelstärke gehört zu den Universalnadeln, die für die meisten Stoffe und Nähprojekte geeignet ist.

90 – hervorragend bei dickeren Stoffen, Mehrlagigkeit, dickeren Nähten und Gummibändern einsetzbar.

Garne für die Coverlock

Coverlocknähte können mit einer großen Auswahl an Garnen angefertigt werden. Die Wahl hängt von der Art des Stoffes, dem Nähprojekt und dem gewünschten Effekt ab. Es gibt eine Vielzahl von Garnen, durch die sehr dekorative Effekte erzielt werden können.
Das schönste Nähergebnis erhält man mit hochwertigen Garnen (z.B. von Gütermann, Amann oder Madeira).
Vor dem Nähen empfiehlt es sich, durch Musternähte auf dem Originalstoff die Qualität der Naht zu prüfen. Eventuell muss eine höhere Nadelstärke eingesetzt oder die Spannung angepasst werden.

Overlockgarn

Dieses Universalnähgarn ist als Nadel-, Greifer- und Deckfaden für alle Overlock- und Coverlocknähte besonders gut geeignet. Es ist meistens aus Polyester und dünner als normales Haushaltsnähgarn.

Bauschgarn

Aufgrund seiner weichen und elastischen Beschaffenheit eignet sich das Bauschgarn ideal für die Verwendung bei eng anliegenden Kleidungsstücken aus elastischen Stoffen wie Sport- und Badebekleidung und Dessous.
Es ist als Greiferfaden und/oder Deckfaden sehr zu empfehlen.

Multicolor-Bauschgarn

Ziernähte in Multicolorfarben setzen beeindruckende Effekte und verleihen den selbst genähten Kleidungsstücken eine individuelle Note. Das schönste Ergebnis erhält man, wenn das Multicolorgarn als Deckfaden verarbeitet wird.

Multicolor-Stickgarn

Der lebhafte Farbwechsel in gleichmäßigen Abständen verleiht einer mit Multicolor-Stickgarn angefertigten Ziernaht eine seidig glänzende und unvergleichliche Optik.
Stickgarne können als Deckfaden oder Greiferfaden beim Kettenstich eingesetzt werden.

Metallic-Effektgarn

Dieses Garn besitzt einen auffällig reflektierenden Glanz und verleiht so den Ziernähten einen beeindruckenden Glitzereffekt.
Metallic-Effektgarne können am besten als Deckfaden verwendet werden.

Zubehör (im Lieferumfang enthalten)

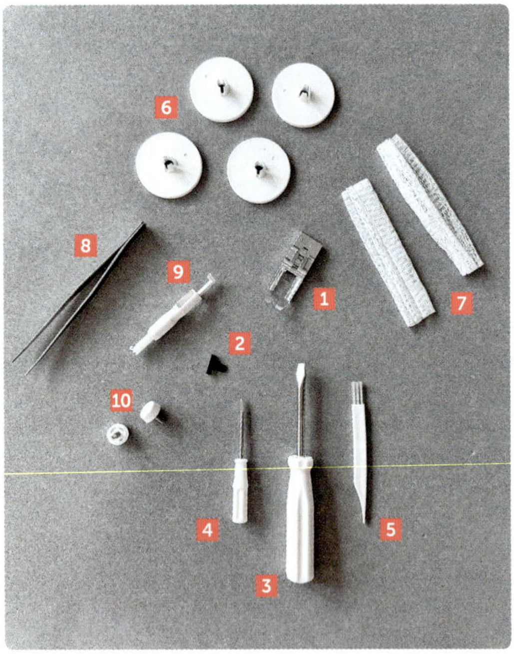

1 Klarsichtfuß

Durch seine Transparenz im vorderen Bereich ermöglicht der Klarsichtfuß eine uneingeschränkte Sicht auf die Naht. Beim Säumen hilft er, den Nahtanfang zu finden, und auch beim Steppen mit dem Kettenstich garantiert er die perfekte Kontrolle über die Naht.

2 Zugentlastungsclip

Der Zugentlastungsclip wird unter die vordere Fadenführung geklemmt und lässt damit den Greifer- und Deckstichfaden etwas lockerer laufen.

3 Schraubendreher lang

Ein schmaler, langer Schraubendreher für kleine Schrauben.

4 Schraubendreher kurz

Ein kurzer Schraubendreher für Schrauben an schwer zugänglichen Stellen.

5 Reinigungspinsel

Mit dem Pinsel kann die Coverlock einfach und ordentlich an schwierig zu erreichenden Stellen gereinigt werden.

6 Fadenabzugsscheiben

Sie halten die Garnrollen auf den horizontalen Garnrollenhaltern fest.

7 Garnrollennetze

Die Garnrollennetze verhindern, dass sich das Garn unbeabsichtigt abrollt oder die Garnrolle vom Garnständer herunterfällt.

8 Pinzette

Die gebogene Pinzette hilft beim Einfädeln, beim Einführen des Stoffstreifens durch den Bandeinfasser und beim Entfusseln der Maschine.

9 Nadeleinfädler

Der Nadeleinfädler ist sehr nützlich, um schnell und einfach die Nadeln einzufädeln und um die Nadeln einzusetzen oder zu wechseln.

10 Montageschrauben

Sie dienen zur Befestigung von optionalem Zubehör.

Außerdem (ohne Abbildung):

- Nadelsatz
- Fußanlasser
- Schutzhaube
- Staukasten für Zubehör

Weiteres Zubehör, das in diesem Buch verwendet wird

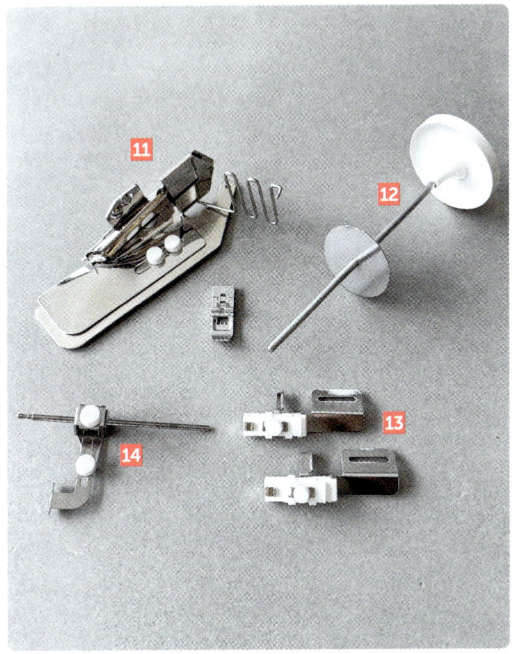

11 Bandeinfasser

(siehe Damen-Tanktop, Seite 61)
Der Bandeinfasser (schmal und breit erhältlich) ermöglicht schnelles und gleichmäßiges Einfassen von Kanten. Das Schrägband wird lediglich in die Führung eingeschoben – das Falten und exakte Einfassen der Kante erledigt der Bandeinfasser. Siehe dazu auch:

12 Bandhalter

(siehe Damen-Tanktop, Seite 61)
Es handelt sich um einen senkrechten Ständer, auf den die Bandrollen für den Bandeinfasser aufgesteckt werden und von dem die Bänder gleichmäßig abrollen und sauber eingezogen werden können.

13 Gummibandkräusler

(siehe Kinder-Rock, Seite 108)
Mit diesem Zubehör wird das Gummiband während des Nähvorgangs gedehnt, sodass eine individuell einstellbare und gleichmäßige Kräuseldichte erzielt werden kann.
Es ist für Gummibandbreiten von 9 mm bis 13,5 mm und 6 mm bis 8,5 mm erhältlich.
Siehe dazu auch:

14 Verstellbares Führungslineal

(siehe Herren-Shorts, Seite 99 und Damen-T-Shirt, Seite 74)
Diese Führung garantiert immer gleichmäßig breite Säume und ist sehr einfach zu verstellen.

Einfädeln der Maschine

Das Nähergebnis hängt stark davon ab, ob die Coverlock richtig eingefädelt ist. Aus dem Grund sollte dieser erste Schritt sehr sorgfältig vorgenommen werden. Bereits nach wenigen Malen stellt sich die Routine ein und das Einfädeln wird zum Kinderspiel!

Vor dem Einfädeln sollte der Netzstecker gezogen, der Nähfuß angehoben, um die Spannungsscheiben zu lockern und die Frontabdeckung geöffnet werden. Die Bedienungsanleitung erklärt den exakten Einfädelvorgang. Siehe dazu auch:

① Einfädeln des Greiferfadens

②③④ Einfädeln der Nadeln

⑤ Einfädeln des Deckstichfadens

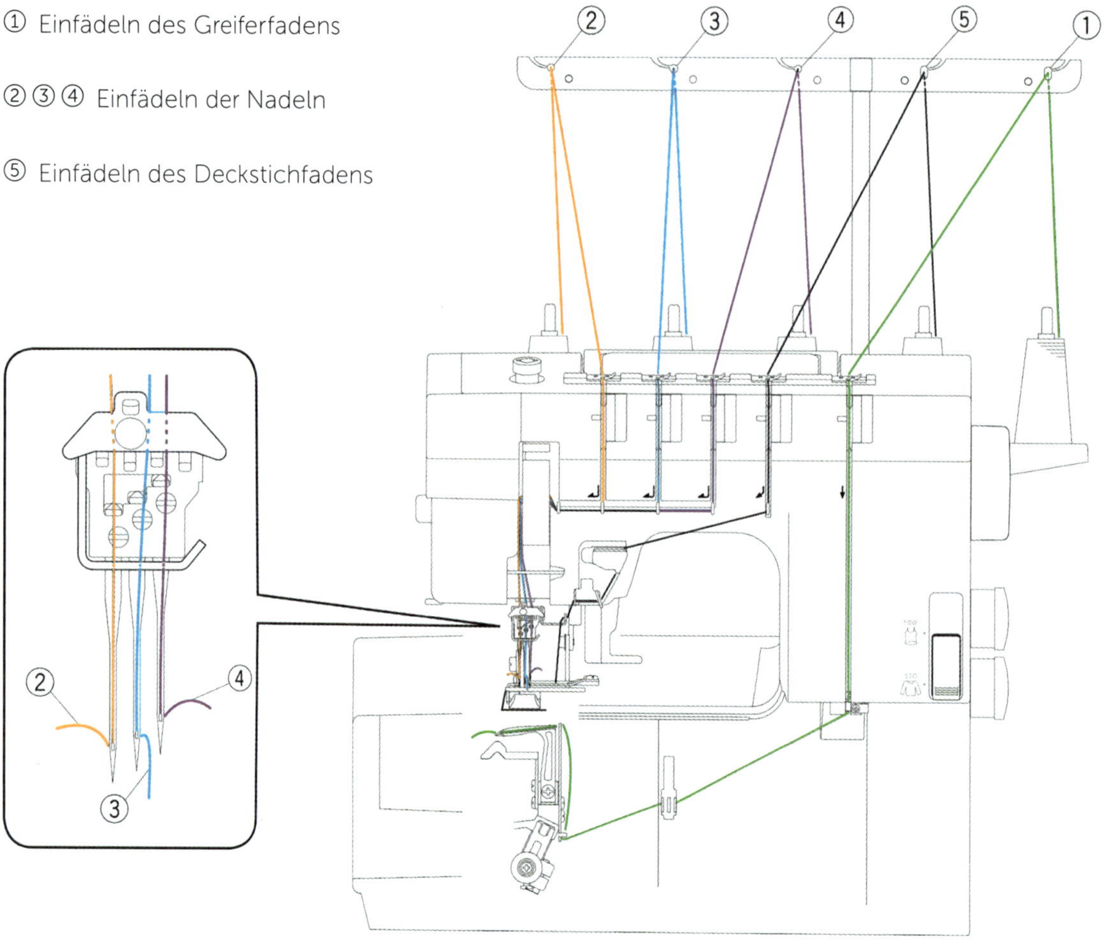

① Einfädeln des Greiferfadens

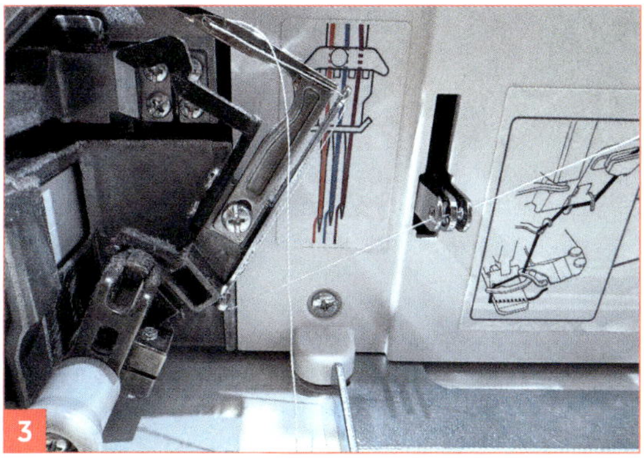

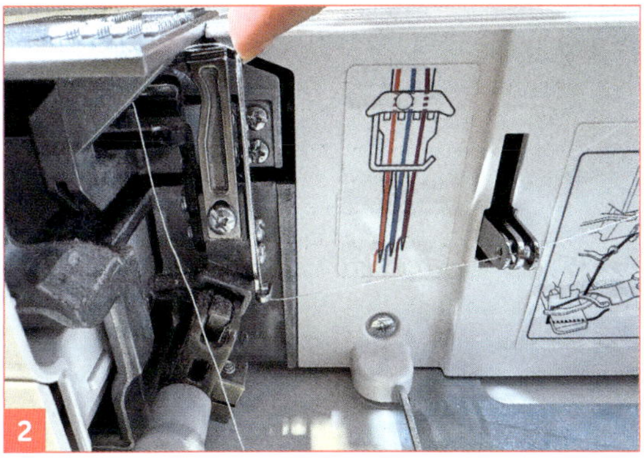

Sticharten

Deckstich

Dieser Stich bildet zwei oder drei parallele Geradstichreihen mit zusätzlichem Deckstich auf der rechten Nahtseite. Somit ist sowohl eine dekorative Fadenverschlingung auf der Rück- als auch auf der Vorderseite des Nähguts sichtbar. Ein ideales Werkzeug für Zierstiche aller Art!
Der Deckstich ist darüber hinaus einsetzbar zum Säumen, zum Einfassen mit oder ohne Gummibänder, für falsche Flatlocknähte, zum Annähen von Gürtelschlaufen und für dekorative Absteppungen.

Es gibt drei Varianten des Deckstichs:

- Dreifacher Deckstich mit drei Nadeln und fünf Fäden
- Zweifacher Deckstich, schmal (3 mm) mit zwei Nadeln und vier Fäden
- Zweifacher Deckstich, breit (6 mm) mit zwei Nadeln und vier Fäden

Coverstich

Der klassische Coverstich bildet auf der rechten Stoffseite zwei oder drei parallele Geradstichreihen, während die Rückseite der Naht verkettet ist.

Es gibt vier Varianten des Coverstichs:

- Dreifacher Coverstich mit drei Nadeln und vier Fäden (Nahtabstand 6 mm)
  Der belastbare Stich bietet sich an für das Säumen vieler Stoffqualitäten, Ziernähte, Gummibänder, dekorative Absteppungen und für falsche Flatlocknähte.
- Zweifacher Coverstich mit zwei Nadeln und drei Fäden
  Der zweifache Coverstich unterteilt sich nochmals in:
  - schmal, links (Nahtabstand 3 mm)
  - schmal, rechts (Nahtabstand 3 mm)
  Der schmale, zweifache Coverstich eignet sich besonders gut für Säume an feinen Jerseystoffen, Einfassungen, dekorative Absteppungen und das Anfertigen von Biesen.
  - breit (Nahtabstand 6 mm)
  Der breite, zweifache Coverstich eignet sich hervorragend für das Säumen schwererer Strickstoffe, wie z.B. Sweatshirt-Fleece, dekorative Absteppungen, Halseinfassungen, Gürtelschlaufen, Ziernähte, überlappende Kappnähte und das Anfertigen von Biesen.

Kettenstich

Dieser Stich wird mit einer einzigen – an allen drei Positionen einsetzbaren – Nadel und zwei Fäden genäht und bildet mit dem Greiferfaden eine Kette auf der linken Stoffseite.
Der Kettenstich ist ein strapazierfähiger, elastischer Stich zum Schließen von Nähten, Säumen von Maschenware, für Ziernähte, Absteppungen, Einfassungen und Gummibänder.

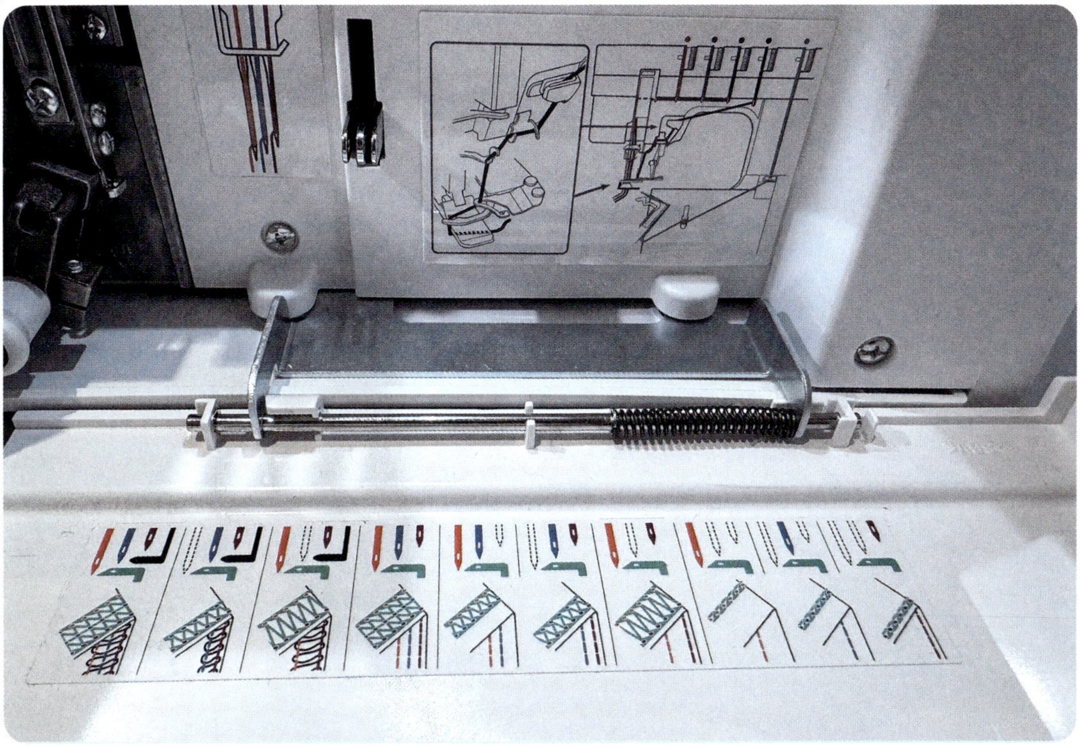

<table>
<tr><th colspan="2" rowspan="2">Stichart</th><th rowspan="2">Nadelzahl</th><th rowspan="2">Faden-
anzahl</th><th colspan="4">Einstellungen für die Fadenspannung</th></tr>
<tr><th>①
Linker Oberfaden</th><th>②
Mittlerer Oberfaden</th><th>③
Rechter Oberfaden</th><th>④
Deckstich</th></tr>
<tr><td rowspan="3">Deckstich</td><td>Dreifacher Deckstich</td><td>1 2 3</td><td>5</td><td>3–6</td><td>3–6</td><td>3–6</td><td>1–5</td></tr>
<tr><td>Zweifacher Deckstich, schmal</td><td>2 3</td><td>4</td><td>–</td><td>3–6</td><td>3–6</td><td>2–6</td></tr>
<tr><td>Zweifacher Deckstich, breit</td><td>1 3</td><td>4</td><td>3–6</td><td>–</td><td>3–6</td><td>1–5</td></tr>
<tr><td rowspan="4">Coverstich</td><td>Dreifacher Coverstich</td><td>1 2 3</td><td>4</td><td>3–6</td><td>3–6</td><td>3–6</td><td>–</td></tr>
<tr><td>Zweifacher Coverstich, schmal (links)</td><td>1 2</td><td rowspan="3">3</td><td>3–6</td><td>3–6</td><td>–</td><td>–</td></tr>
<tr><td>Zweifacher Coverstich, schmal (rechts)</td><td>2 3</td><td>–</td><td>3–6</td><td>3–6</td><td>–</td></tr>
<tr><td>Zweifacher Coverstich, breit</td><td>1 3</td><td>3–6</td><td>–</td><td>3–6</td><td>–</td></tr>
<tr><td rowspan="3">Kettenstich</td><td>Linke Nadel</td><td>1</td><td rowspan="3">2</td><td>3–6</td><td>–</td><td>–</td><td>–</td></tr>
<tr><td>Mittlere Nadel</td><td>2</td><td>–</td><td>3–6</td><td>–</td><td>–</td></tr>
<tr><td>Rechte Nadel</td><td>3</td><td>–</td><td>–</td><td>3–6</td><td>–</td></tr>
</table>

⑤ Greifer-faden	Fein-einstellungs-hebel	Stich	Rechte Stoffseite	Linke Stoffseite
2–5	STD.	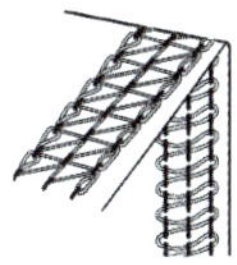		
2–5	STD.	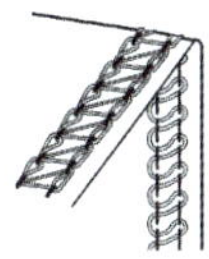		
2–5	STD.	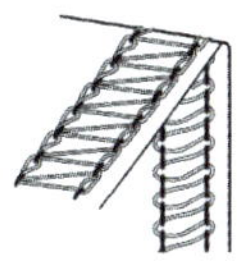		
2–5	STD.	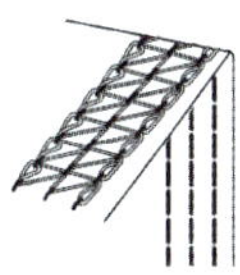		
2–5	STD.	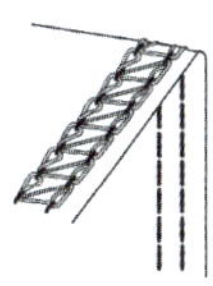		
2–5	STD.			
2–5	STD.			
2–5	STD.	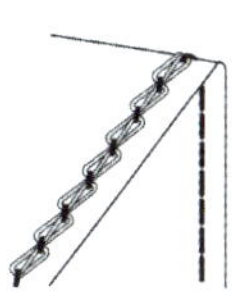		
2–5	STD.			
2–5	STD.			

Korrekte Fadenspannungen

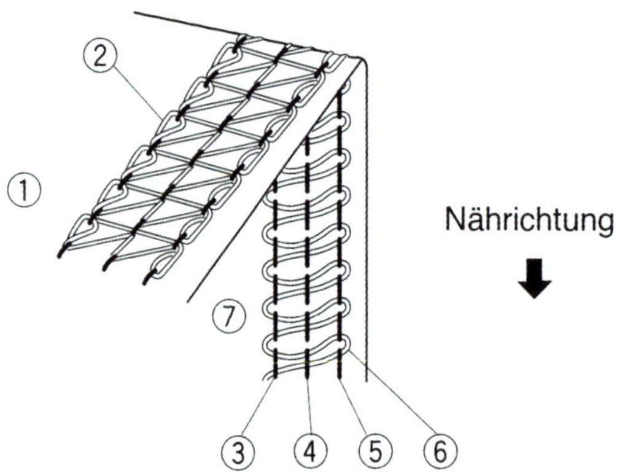

Deckstich

Korrekte Spannung

Die Stichreihen auf der rechten Stoffseite laufen parallel und glatt. Der Greiferfaden bildet eine Reihe von Rechtecken mit diagonalen Linien.

① Linke Stoffseite
② Greiferfaden
③ Linker Oberfaden
④ Mittlerer Oberfaden
⑤ Rechter Oberfaden
⑥ Deckstichfaden
⑦ Rechte Stoffseite

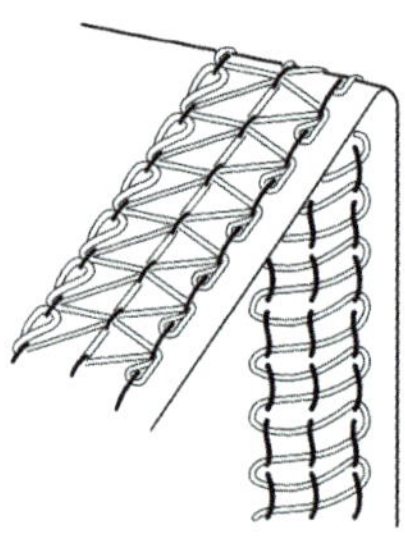

(A)

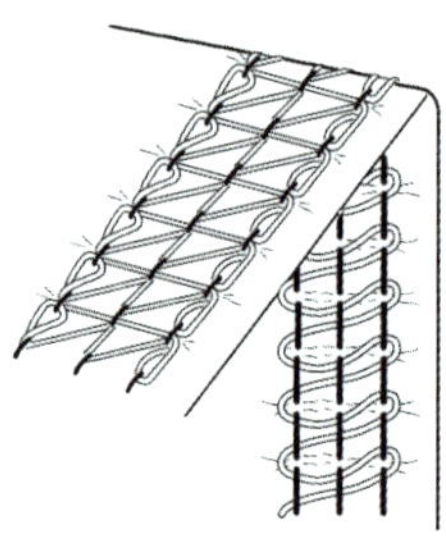

(B)

Einstellen der Nadelfadenspannung

(A) Wenn die Oberfadenspannung zu locker ist:
Die Oberfadenspannung erhöhen und/oder die Deckstichfadenspannung verringern.

(B) Wenn die Oberfadenspannung zu fest ist:
Die Oberfadenspannung lösen und/oder die Deckstichfadenspannung erhöhen.

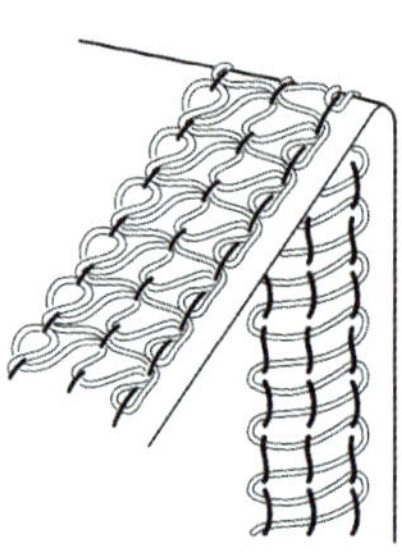

(A)

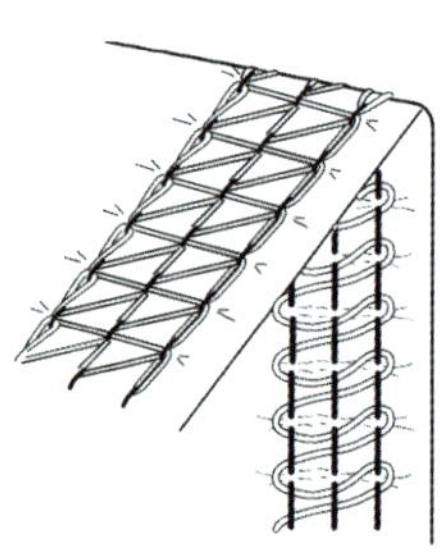

(B)

Einstellen der Greiferfadenspannung

(A) Wenn die Greiferfadenspannung zu locker ist:
Die Greiferspannung anziehen und/oder die Nadelfadenspannung und die Deckstichfadenspannung lösen.

(B) Wenn die Greiferfadenspannung zu fest ist:
Die Greiferspannung lösen und/oder die Nadelfadenspannung und die Deckstichfadenspannung anziehen.

Dreifacher Coverstich

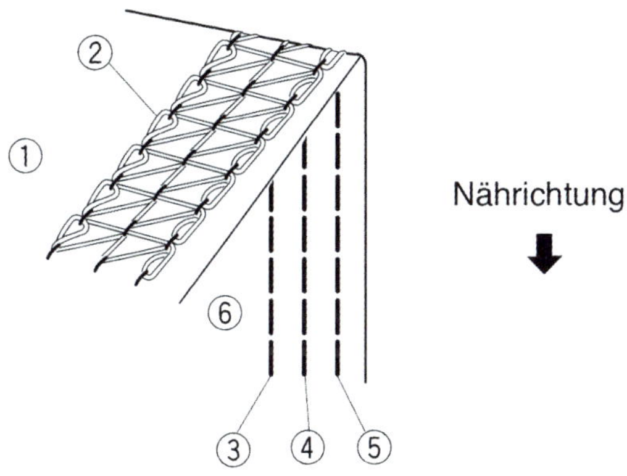

Korrekte Spannung

Die Stichreihen auf der rechten Stoffseite laufen parallel und glatt. Der Greiferfaden bildet eine Reihe von Rechtecken mit diagonalen Linien.

① Linke Stoffseite
② Greiferfaden
③ Linker Oberfaden
④ Mittlerer Oberfaden
⑤ Rechter Oberfaden
⑥ Rechte Stoffseite

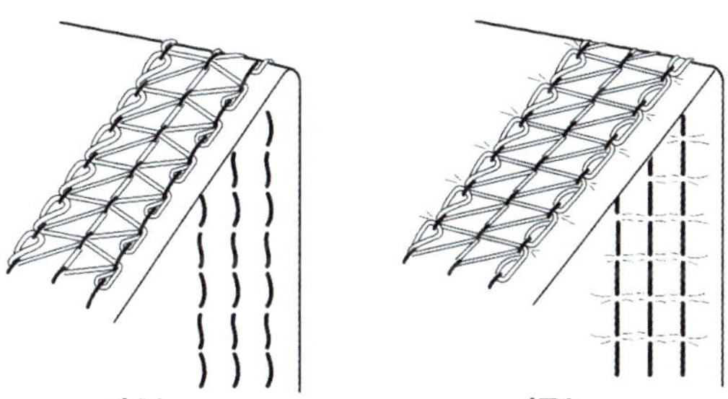

(A) **(B)**

Einstellen der Nadelfadenspannung

(A) Wenn die Oberfadenspannung zu locker ist:
Die Oberfadenspannung erhöhen und/oder die Greiferspannung verringern.

(B) Wenn die Oberfadenspannung zu fest ist:
Die Oberfadenspannung lösen und/oder die Greiferspannung erhöhen.

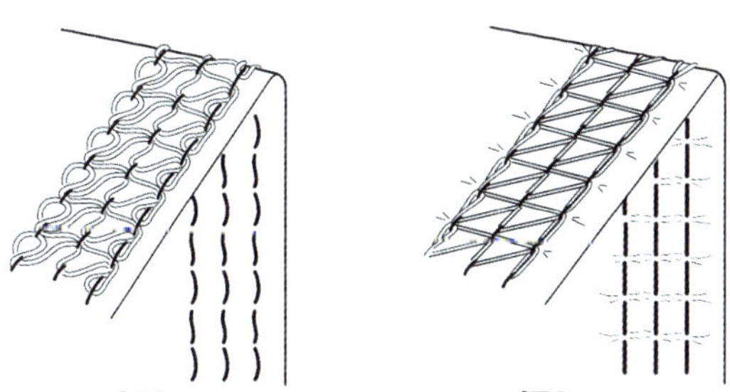

(A) **(B)**

Einstellen der Greiferfadenspannung

(A) Wenn die Greiferfadenspannung zu locker ist:
Die Greiferspannung erhöhen und/oder die Oberfadenspannung verringern.

(B) Wenn die Greiferfadenspannung zu fest ist:
Die Greiferspannung lösen und/oder die Oberfadenspannung erhöhen.

Zweifacher Coverstich

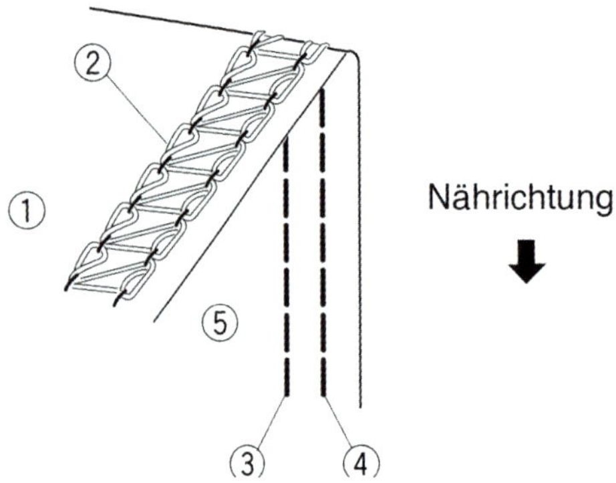

Korrekte Spannung

Die Stichreihen auf der rechten Stoffseite laufen parallel und glatt. Der Greiferfaden bildet eine Reihe von Rechtecken mit diagonalen Linien.

① Linke Stoffseite
② Greiferfaden
③ Linker Oberfaden
④ Rechter Oberfaden
⑤ Rechte Stoffseite

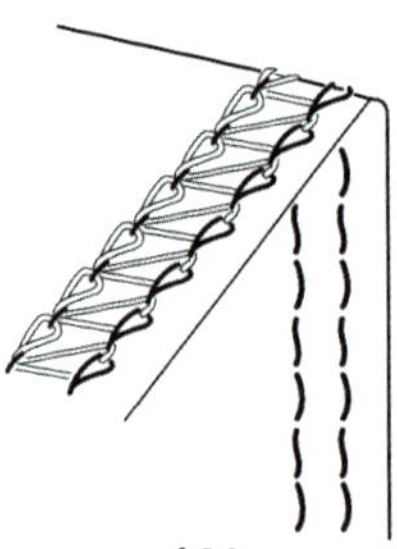
(A)

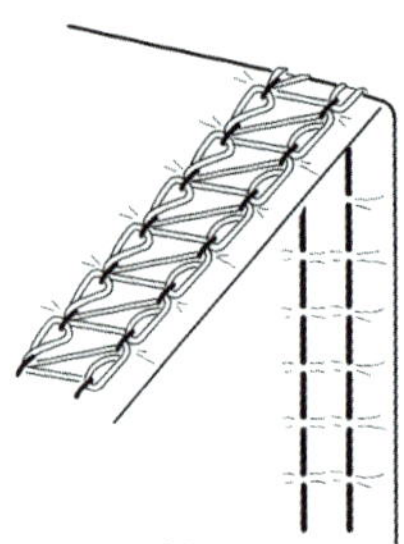
(B)

Einstellen der Nadelfadenspannung

(A) Wenn die Oberfadenspannung zu locker ist:
Die Oberfadenspannung erhöhen und/oder die Greiferspannung verringern.

(B) Wenn die Oberfadenspannung zu fest ist:
Die Oberfadenspannung lösen und/oder die Greiferspannung erhöhen.

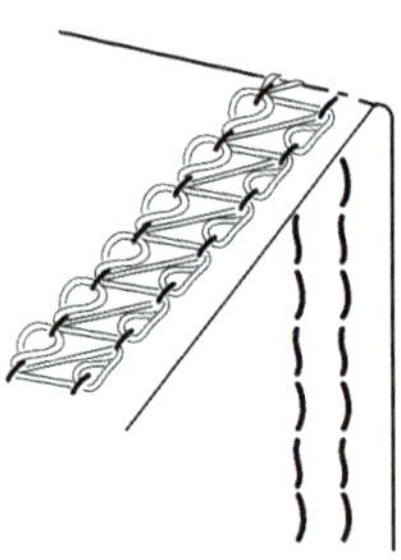
(A)

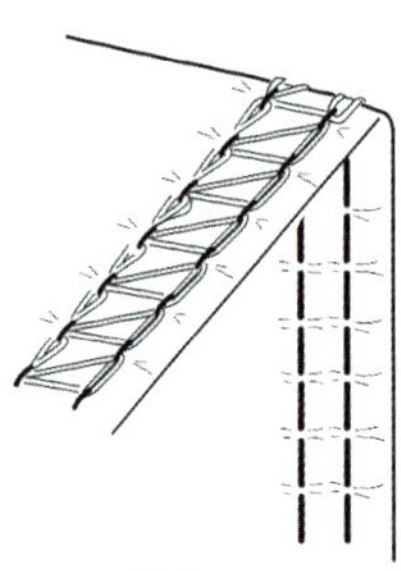
(B)

Einstellen der Greiferfadenspannung

(A) Wenn die Greiferfadenspannung zu locker ist:
Die Greiferspannung erhöhen und/oder die Oberfadenspannung verringern.

(B) Wenn die Greiferfadenspannung zu fest ist:
Die Greiferspannung lösen und/oder die Oberfadenspannung erhöhen.

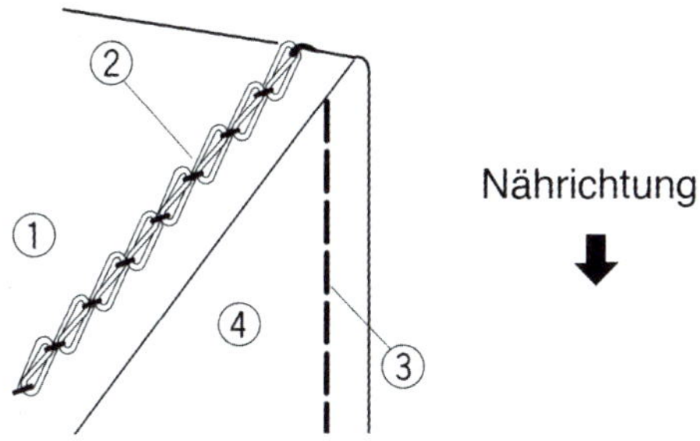

Kettenstich

Korrekte Spannung

Der Geradstich auf der rechten Stoffseite läuft geradlinig und glatt. Der Greiferfaden bildet eine Kette.

① Linke Stoffseite
② Greiferfaden
③ Oberfaden
④ Rechte Stoffseite

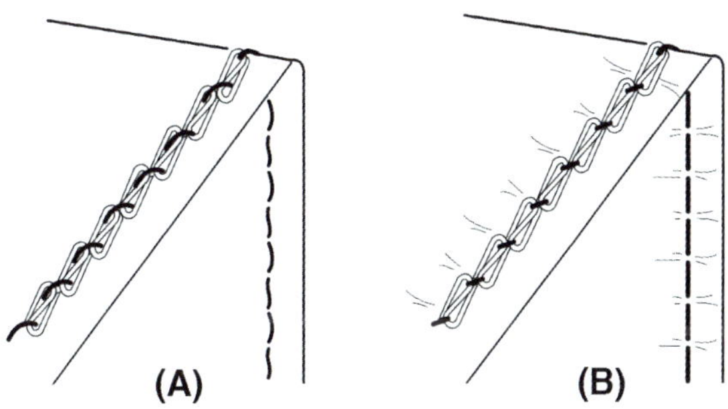

Einstellen der Nadelfadenspannung

(A) Wenn die Oberfadenspannung zu locker ist:
Die Oberfadenspannung erhöhen und/oder die Greiferspannung verringern.

(B) Wenn die Oberfadenspannung zu fest ist:
Die Oberfadenspannung lösen und/oder die Greiferspannung erhöhen.

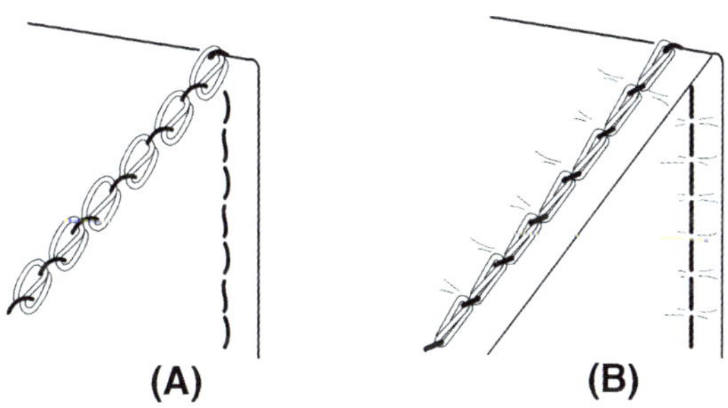

Einstellen der Greiferfadenspannung

(A) Wenn die Greiferfadenspannung zu locker ist:
Die Greiferspannung erhöhen und/oder die Oberfadenspannung verringern.

(B) Wenn die Greiferfadenspannung zu fest ist:
Die Greiferspannung lösen und/oder die Oberfadenspannung erhöhen.

Tipps und Tricks für eine schöne Naht

Hochwertige Garne

Für ein gleichmäßiges Nahtbild sind hochwertige Garne das A&O! Die Garne fusseln und reißen nicht so schnell und verhindern unschöne Fehlstiche.
Dekorative Garne wie Multicolor-Bauschgarne und Metallicgarne sollten nur im Greifer eingesetzt werden, da die Nadelösen zu klein dafür sind.

Geeignete Nadeln

Qualitativ hochwertige und für den Stoff geeignete Nadeln sind für ein schönes, professionelles Nahtergebnis unerlässlich. Je leichter und feiner der Stoff, desto niedriger sollte die Nadelstärke sein.
Wenn die Naht nicht wie gewünscht aussieht, prüfen, ob die Nadeln korrekt eingesetzt und bis zur höchstmöglichen Position geschoben wurden. Die flache Seite des Nadelkolbens zeigt dabei nach hinten. Die Nadelspitzen müssen in unterschiedlicher Höhe sitzen: Die linke Nadel nimmt die tiefste Position, die rechte Nadel die höchste Position ein. Weiterhin die Nadeln auf Schäden untersuchen und bei stumpfer, verbogener oder abgebrochener Spitze oder Abnutzung um das Nadelöhr unbedingt die Nadeln austauschen.

Höhenausgleich bzw. Nahtanfang durch „Hebamme"

Das Nähen über mehrere Stofflagen wie Nahtkreuzungen oder hohe Kanten kann Fehlstiche verursachen, da der Nähfuß nicht in seiner waagerechten Position bleiben kann. Abhilfe schafft hierbei ein einfacher Höhenausgleich, genannt „Hebamme". Dafür eignet sich ein mehrfach gefalteter Stoff oder ein Stück Filz in der Höhe des zu übernähenden Bereiches. Kurz vor Erreichen der dicken Stelle wird der Nähfuß, bei tiefster Position der Nadeln, angehoben. Die „Hebamme" wird nun von hinten unter den Nähfuß geschoben, wobei dieser gerade ausgerichtet wird und so ohne Fehlstiche über die Stofflagen genäht werden kann. Das Stückchen Stoff wird nach hinten weg transportiert, bis es wieder weggenommen werden kann. Diese Methode kann auch am Nahtanfang sehr hilfreich sein.

Nadelposition nach Anhalten

Wenn während einer Naht angehalten werden muss, vor dem Weiternähen die Nadeln mit dem Handrad erst in die tiefste Position bringen.

Größere Stichlänge

Voluminöse Stofflagen oder dickere Stellen können leichter mit einer größeren Stichlänge genäht werden.

Nähfußwechsel

Näht man wegen der besseren Sicht auf die Naht gerne mit dem durchsichtigen Nähfuß, kann es jedoch bei manchen Stoffen von Vorteil sein, den Metallfuß einzusetzen.

Stabilisieren durch Stickfolie

Zur Vermeidung von Fehlstichen wasserlösliche Stickfolie an den mehrlagigen Schnittstellen unterlegen.

Neu einfädeln

Oftmals löst ein komplettes Aus- und Neueinfädeln alle Probleme.

Führen des Stoffes

Für gleichmäßige Stiche ist es sehr wichtig, den Stoff während dem Nähen nicht zu ziehen, sondern mit Gefühl zu führen. So können die Zähne des Transporteurs den Stoff gleichmäßig transportieren.

Nähgeschwindigkeit

Es zahlt sich aus, langsam und in gleichmäßigem Tempo zu nähen. Das Anhalten und Starten kann ebenso zu Unregelmäßigkeiten bei den Stichen führen.

Erstellen einer Probenaht

Einstellungen wie Fadenspannung, Nähfußdruck, Differentialtransport und Stichlänge auf einem Musterstoff austesten und eine Probenaht auf dem Originalstoff anfertigen.

Musterbuch

Es empfiehlt sich, ein kleines Musterbuch mit Nähproben und den verschiedenen Sticharten anzufertigen. Die verschiedenen Spannungen austesten und festhalten, wie sich hohe und niedrige Spannungseinstellungen auf das Nähergebnis auswirken.

Ein paar Basics, bevor es losgeht ...

Der Anfang einer Covernaht

Für einen sauberen Nahtanfang ist ein Höhenausgleich, genannt „Hebamme", sehr hilfreich. Ein Stückchen Stoff wird von hinten direkt an den Anfang des eigentlichen Nähgutes platziert, sodass sich beide Stoffe unmittelbar unter den Nadeln treffen. Der Nähfuß steht dadurch in einer horizontalen Position und der Transporteur kann den Stoff gleichmäßig nach hinten befördern. Die zweite Möglichkeit ist, dass bereits auf dem Stoffrest begonnen wird zu nähen. So kann auch gleichzeitig die Qualität des Stiches kontrolliert werden. Am Ende des Stoffrestes wird dann der Nähfuß angehoben, der eigentliche Stoff unter die Nadeln gelegt und weitergenäht. So werden zusammengeschobene Stiche am Nahtbeginn vermieden. Die Anfangsfäden werden bei der Coverlock durch das nachfolgende Nähen fixiert und lassen sich nicht so leicht lösen. Daher kann der Höhenausgleich anschließend einfach abgeschnitten werden, der Nahtanfang ist trotzdem noch gesichert. Für einen Nahtanfang in der Stoffmitte alle Fäden nach hinten legen und die Nadeln an gewünschter Stelle positionieren. Nun den Nähfuß absenken und losnähen. Der Nahtanfang ist automatisch gesichert.

Das Ende einer Covernaht

Mit der Coverlock kann nicht rückwärts genäht und somit die Naht auch nicht verriegelt werden. Die Fäden am Nahtende können sich daher leicht lösen, und die Naht muss auf anderem Weg gesichert werden. Es gibt mehrere Methoden zur Nahtsicherung:

Fadenkette

Wird das Ende der Naht später weiterverarbeitet, müssen die Fäden nicht verriegelt bzw. gesichert werden. Die Naht kann mit einer Fadenkette beendet werden. Dazu am Ende der Naht langsam 10 cm ohne Stoff weiternähen, während die gebildete Fadenkette vorsichtig nach hinten gezogen wird. Zum Schluss diese mit dem Fadenschneider abschneiden und am Nähgut hängenlassen.

Nadelfäden auf die Rückseite ziehen

Am Ende der Naht die Nadeln mit dem Handrad in die höchste Position bringen und den Nähfuß anheben. Dann mit einer Pinzette oder einem Handmaß unter den Nähfuß gehen und die Nadelfäden ca. 10 cm nach vorne ziehen

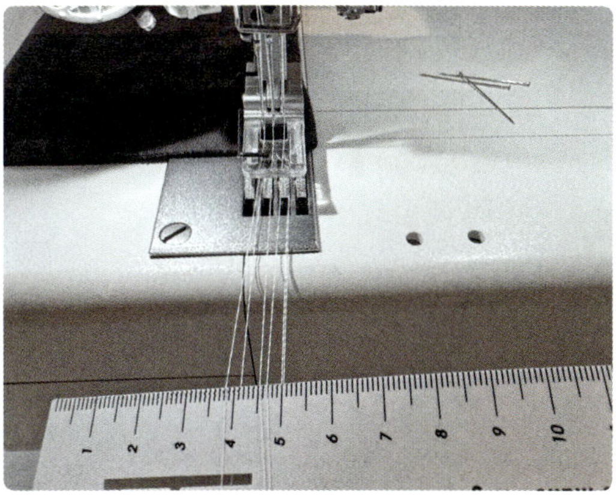

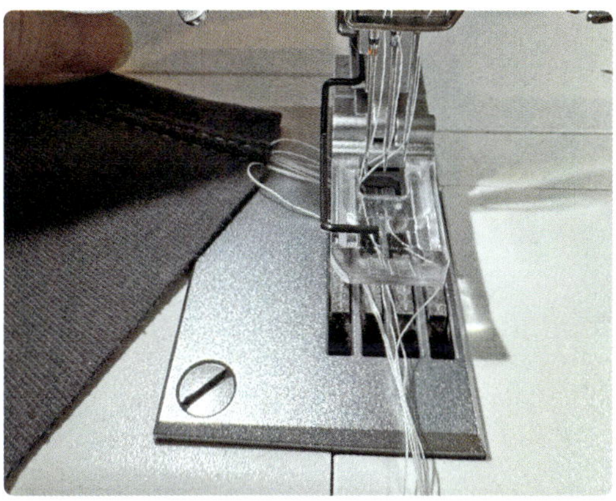

und abschneiden. Die Naht nun festhalten und den Stoff mit einem kleinen Ruck etwas seitlich nach hinten wegziehen. Die Nadelfäden werden bei dieser Technik durch den Stoff auf die linke Seite gezogen und dadurch gesichert. Nun muss nur noch der Greiferfaden abgeschnitten und gemeinsam mit den Nadelfäden vernäht werden.
Diese Technik eignet sich besonders gut, wenn die Naht auf dem Nähgut und nicht an der Kante endet.

„Hebamme" am Nahtende

Wenn mehrere Teile nacheinander genäht oder gesäumt werden sollen, kommt die „Hebamme" (siehe Erklärung S. 30) sowohl am Nahtanfang als auch am Nahtende zum Einsatz.

Der Anfang einer Decknaht

Den Deckfaden nach dem Einfädeln von links diagonal unter den Nähfuß nach rechts legen und ca. 10 cm des Fadens herausziehen. Ein Stück Probestoff unter den Nähfuß legen und diesen absenken. Das Handrad mehrmals zurück drehen, bis zwei bis drei Deckstiche genäht sind. Dann an der linken Kante des Nähfußes den nun eingearbeiteten Deckfaden abschneiden und weiternähen.
Am Ende des Probestoffes das Nähgut ansetzen und langsam weiternähen (siehe „Der Anfang einer Covernaht").
Soll die Decknaht in der Stoffmitte beginnen, die Fäden alle nach hinten legen und die Nadeln an gewünschter Stelle positionieren. Den Nähfuß absenken und losnähen. Der Nahtanfang ist automatisch gesichert.

Das Ende einer Decknaht

Es gibt mehrere Techniken für das Ende einer Decknaht:

Fadenkette

Auch die Covernaht kann mit einer Fadenkette beendet werden. Dazu am Ende der Naht langsam 10 cm ohne Stoff weiternähen, während die gebildete Fadenkette vorsichtig nach hinten gezogen wird. Zum Schluss diese mit dem Fadenschneider abschneiden und am Nähgut hängenlassen.
Die Nadeln in die höchste Position bringen und den Nähfuß anheben. Nun den Deckstichfaden aus dem Deckstichspreizer entfernen. Den Hebel zum Lösen des Deckstichs betätigen, um den Deckstichspreizer in der Maschine zu verstauen.

Nadelfäden auf die Rückseite ziehen

Die Decknaht kann ebenfalls an einer beliebigen Stelle im Nähgut beendet werden. Dazu wie bei der Erklärung der Covernaht „Nadelfäden auf die Rückseite ziehen" vorgehen. Der einzige Unterschied ist, dass bei der Decknaht sowohl die Nadelfäden als auch der Deckfaden abgeschnitten werden, beim Herausziehen des Stoffes nach links hinten jedoch nur die Nadelfäden automatisch auf die linke Seite gezogen

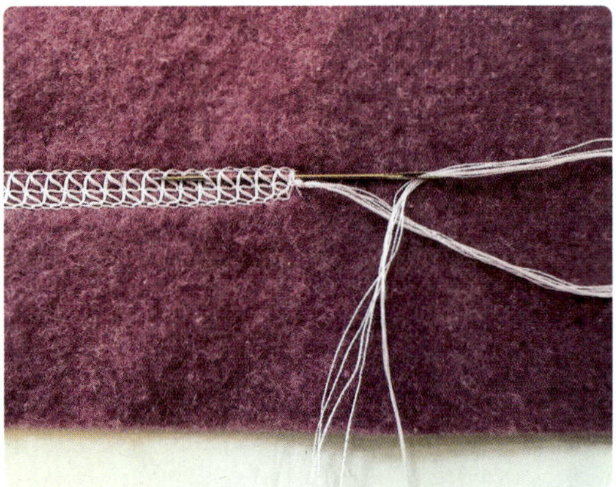

werden. Nun muss der Greiferfaden abgeschnitten und der Deckfaden mit einer Nadel auf die linke Stoffseite gezogen werden. Alle fünf Fäden werden dann noch verknotet und durch die Naht gezogen. Diese Technik eignet sich natürlich auch am Ende des Stoffes.

Anfang und Ende eines Saumes mit der Covernaht

Die Seitennaht sollte sorgfältig vorbereitet werden, indem sie flach gebügelt wird und die Nahtzugaben in unterschiedliche Richtungen gelegt werden. Idealerweise vor der Seitennaht mit dem Nähen anfangen. Zu Beginn der Naht die Fäden einzeln, ohne Fadenkette, nach hinten legen. Bei einem erheblichen

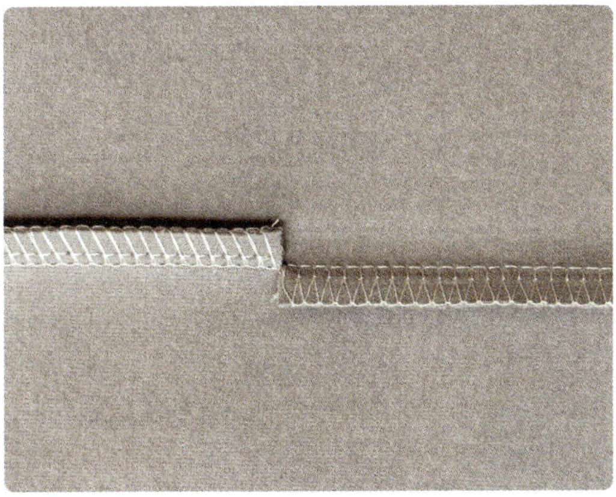

Höhenunterschied kann das Unterlegen einer „Hebamme" (siehe Seite 28) hilfreich sein. Alternativ kann man bis zum Erreichen der Seitennaht den vorderen Teil des Nähfußes leicht mit dem Daumen anheben.

Kurz vor Erreichen des Nahtanfanges die dort oben aufliegenden Nadelfäden auf die linke Stoffseite ziehen. Dazu an den Schlaufen, die die Nadelfäden auf der Rückseite bilden, ziehen. Der transparente Nähfuß ermöglicht es nun, präzise den Nahtanfang zu treffen und zwei bis drei Stiche über den Nahtanfang hinweg zu nähen, um eine sichere Fixierung zu gewährleisten. Die Naht wird beendet, wie unter „Nadelfäden auf die Rückseite ziehen" beschrieben. Dieser sorgfältige Umgang mit dem Nahtanfang und -ende verleiht dem Saum ein professionelles und sehr ordentliches Erscheinungsbild.

Anfang und Ende eines Saumes mit der Decknaht

Beim Säumen in der Runde empfiehlt es sich auch bei der Decknaht, mit lose nach hinten gelegten Fäden und ohne Deckstich zu beginnen. Dieser wird dafür vorerst nicht bis zum Ende eingefädelt. Erst nach ein oder zwei Stichen die Nadeln mit dem Handrad in die höchste Position bringen und den Deckstich hinzunehmen. Den eingefädelten Deckfaden in diesem Fall nur nach links halten und nicht diagonal nach rechts unter den Nähfuß legen. Obwohl der Anfangsfaden noch aus dem Stichloch herausragt, kann problemlos weitergenäht werden, da er nach und nach durchgezogen wird. Den Saum bis kurz vor den Nahtanfang nähen und dann anhalten. Die Nadelfäden auf die Rückseite ziehen, den Deckstichfaden entweder nach rechts oder links weglegen und exakt bis zur Anfangsdecknaht nähen. Nun den Deckstichfaden an einer der oberen Führungen durchtrennen, rechts zur Seite legen und die Deckstichführung zurückklappen. Ein oder zwei weitere Stiche mit dem Handrad nähen, bis er von den beiden Führungszinken im Stichloch des Nähfußes geglitten ist. Dann die Naht wie üblich durch Herausziehen der Nadelfäden beenden (siehe „Nadelfäden auf die Rückseite ziehen"). Zuletzt die Deckstichfäden mit einer Nadel auf die linke Stoffseite ziehen und zusammen mit den anderen Fäden durch die Naht ziehen.

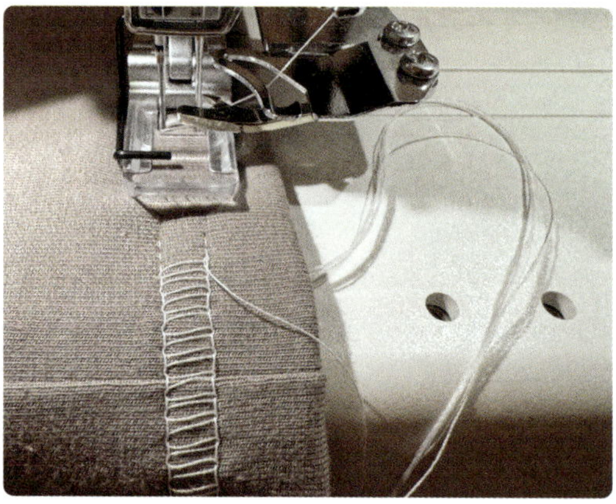

Covernaht trennen

Das Auftrennen von Coverstichen gestaltet sich viel einfacher im Vergleich zum Trennen von normalen Nähmaschinen- oder Overlockstichen. Wichtig ist nur, dass man die Naht immer von ihrem Ende aus beginnt zu trennen. Die zwei oder drei Nadelfäden bei etwa 10 cm Länge abschneiden und auf die rechte Stoffseite bringen. Nun den Greiferfaden auf der Rückseite lösen und in Richtung Anfang der Naht ziehen. Bei dicken oder rauen Stoffen kann es hilfreich sein, die Fäden auf der Vorderseite währenddessen festzuhalten. Dann das Nähgut umdrehen und die Nadelfäden entfernen.

Sind die Fadenenden mit einem Knoten gesichert, kann das Trennen der Naht etwas länger dauern. Dazu vorerst den Knoten aufschneiden, eine Stopfnadel in den Greiferfaden schieben und diese etwas hin- und herbewegen, um die Fäden von den Nadelschlingen zu lösen. Wenn Nadel- und Greiferfaden getrennt sind, den Greiferfaden herausziehen und zum Anfang der Naht ziehen. Dann das Nähgut umdrehen und die Nadelfäden entfernen.

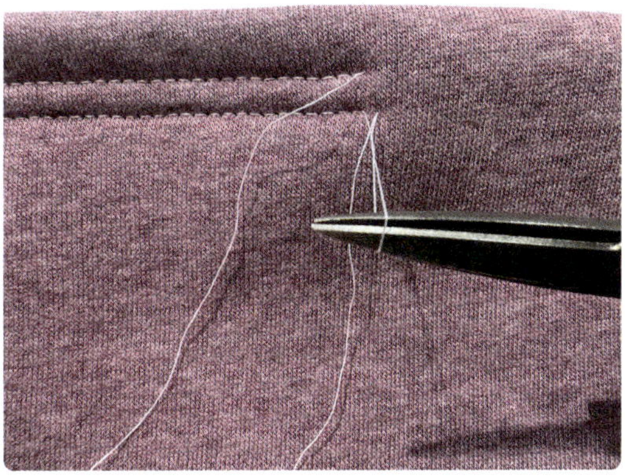

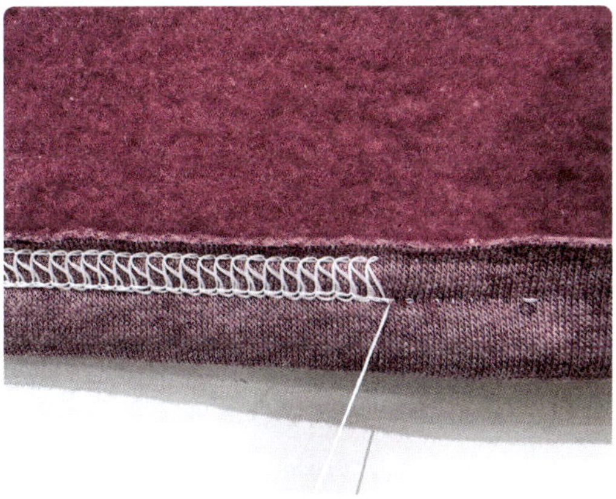

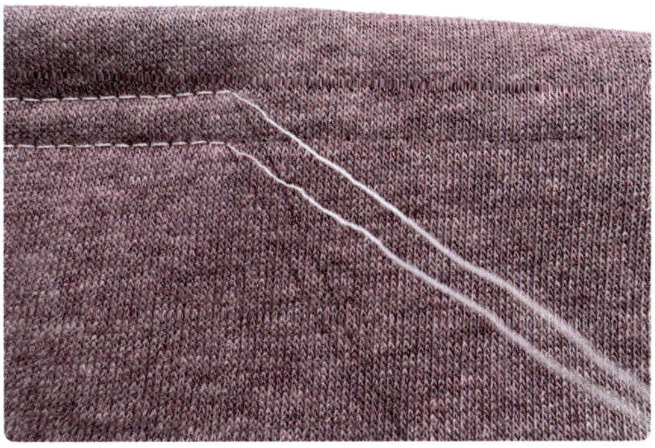

Decknaht trennen

Diese kann auf die gleiche Weise wie die Covernaht getrennt werden. Der Deckfaden liegt nur lose zwischen den Nadelfäden. Sobald sich der Greiferfaden löst und in Richtung Nahtanfang gezogen wird, können auch die Nadelfäden und der Deckstichfaden leicht entfernt werden.

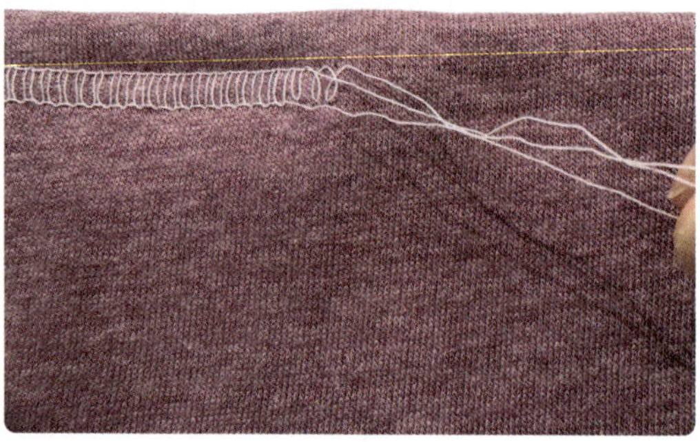

Kettenstich trennen

Dieser Stich hat nur einen Nadel- und einen Greiferfaden und lässt sich leicht vom Ende der Naht auftrennen. Dafür auf der linken Stoffseite den Greiferfaden lösen und daran ziehen. Dann auf der rechten Stoffseite den Nadelfaden vom Stoff wegziehen.

Die Nähprojekte

Maßtabellen

Hinweis: Schnittteilübersichten zu den Modellen gibt es unter diesem QR-Code:

Damen

Konfektionsgröße	36	38	40	42	44
Brustumfang	84	88	92	96	100
Taillenumfang	68	72	76	80	84
Hüftumfang	93	97	101	105	109
Armlänge	59,5	60	60	60,5	61
Oberarmumfang	27	28	29,5	30,5	31,5

alle Angaben in cm

Herren

Konfektionsgröße	48	50	52	54
Brustumfang	96	100	104	108
Taillenumfang	86	90	94	98
Hüftumfang	98	102	106	110
Armlänge	63	64	65	66
Oberarmumfang	32	34	34	36,5

alle Angaben in cm

Kinder

Konfektionsgröße	92–98	104–110	116–122	128–134
Brustumfang	53-56	55–59	59–63	63–68
Taillenumfang	50–53	52–55	54–57	57–61
Hüftumfang	54–58	58–62	61–67	67–73

alle Angaben in cm

KISSEN

Coverlock Spezial:

• Dekoratives Muster mit Kettenstich und Farbverlaufsgarn
• Hotelverschluss-Saum mit Kettenstich nähen

Größe

50 cm x 50 cm

Material

- Leinenstoff, 135 cm x 55 cm
- Bügeleinlage, z.B. Vlieseline® H 200, 135 cm x 55 cm
- Avalon Stickvlies (bei Bedarf)
- Farbverlaufsgarn, z.B. Madeira Decora 12, 1x
- Overlockgarn, 4x
- Kisseninlett, 50 cm x 50 cm

Schnittteil

Um der Ziersteppere einen stabileren Untergrund zu geben, zuerst den Leinenstoff vollständig mit Bügeleinlage bekleben. Dann ein Rechteck von 130 cm x 51,5 cm zuschneiden.

Nahtzugaben

Die Maße beinhalten 8 cm Saum- und 0,75 cm Nahtzugaben.

Nähen

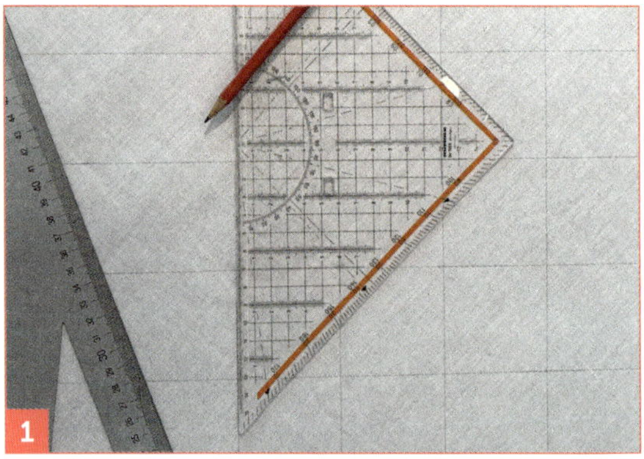

1

3

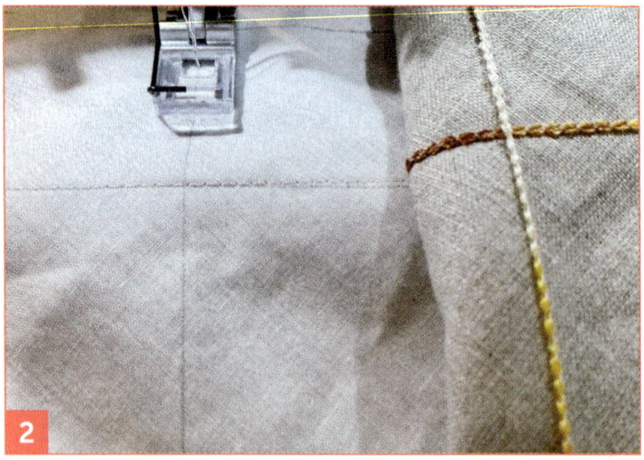

2

4

1 Auf die linke Seite des Rechtecks diagonale Linien im Abstand von 6 cm zeichnen.

2 Für die Ziersteppereí in den mittleren Oberfaden Overlockgarn und in den Greiferfaden das Farbverlaufsgarn einfädeln. Von der linken Stoffseite aus über die eingezeichneten diagonalen Linien mit dem Kettenstich nähen.

3 An den beiden kurzen Kanten den Stoff 4 cm ein- und weitere 4 cm nach links umschlagen und feststecken. In den Greiferfaden nun Overlockgarn einfädeln und auf beiden Seiten den Umschlag von der rechten Stoffseite aus im Abstand von 3,5 cm mit dem Kettenstich festnähen.

4 Die Stepperei mit einem Tuch von rechts zwischenbügeln.

5 Das Stoffteil mit der rechten Seite nach oben zeigend auf den Tisch legen, eine kurze Kante 30 cm nach rechts umschlagen, sodass die Stofflagen nun rechts auf rechts liegen. Die andere kurze Kante ebenfalls rechts auf rechts so weit darüber schlagen, dass insgesamt eine Breite von 50 cm entsteht.

6 Die obere und untere offene Kante nun feststecken und mit der Overlock schließen.

7 Das Kissen wenden, die Nahtzugaben so weit wie möglich zu einer Seite bügeln und die Ecken ausformen. Nun das Kissen mit dem Inlett füllen.

TISCHLÄUFER

Coverlock Spezial:

- Wellenförmige Ziernaht mit dem dreifachen Deckstich und Metallic-Effektgarn aufnähen
- Saum mit dem zweifachen, breiten Coverstich absteppen

Größe

50 cm x 300 cm

Schnittteil

- 57 cm x 307 cm

Schnittbogen

A Vorlage 1

Nahtzugaben

Die Maße beinhalten 3,5 cm Saumzugaben.

Material

- Baumwollstoff, z.B. Canvas, 60 cm x 310 cm
- Metallic-Effektgarn, z.B. von Madeira No. 40 Sparkling, 1x
- Bauschgarn, 1x
- Overlockgarn, 3x

Nähen

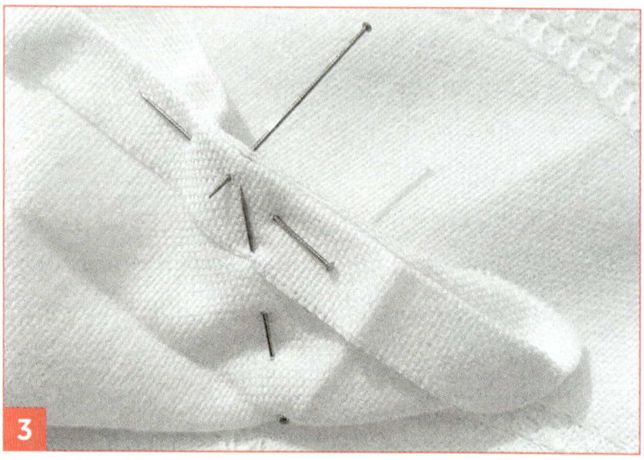

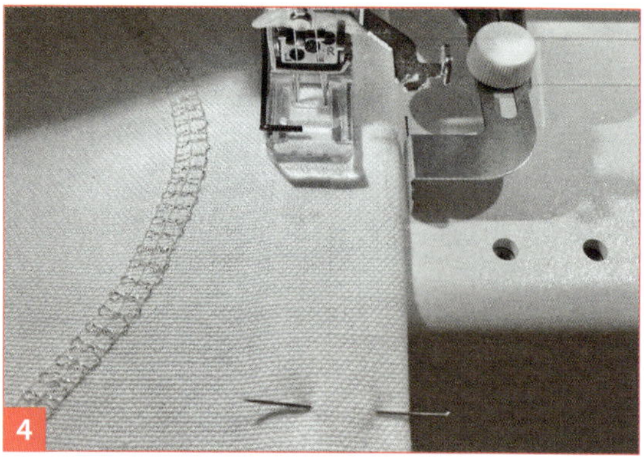

1 Den Rapport des Wellenmusters vom Schnittbogen auf Papier kopieren und diese Vorlage mit Klebestreifen auf einer Zuschnittunterlage oder einem Tisch fixieren. Den zugeschnittenen Stoff Stück für Stück auf die Mustervorlage legen und das Muster mittig ausgerichtet mit einem zarten Bleistiftstrich auf die rechte Seite des Stoffes übertragen. Bei dunkleren Stoffen die Mustervorlage auf den Stoff legen und das Muster mit Kopierpapier auf die rechte Stoffseite übertragen.

2 Metallicgarn in den Deckfaden, Overlockgarn in die drei Nadelfäden und das Bauschgarn in den Greiferfaden einfädeln. An den eingezeichneten Linien entlang alle Ziernähte mit dem dreifachen Deckstich nähen. In den Rundungen den Stoff nicht ziehen, sondern gleichmäßig mit beiden Händen führen.

3 Rundum die Außenkanten erst 1 cm, dann 2,5 cm nach links umbügeln. An den Ecken eine Briefecke vorbereiten und abnähen.

4 Mit dem zweifachen, breiten Coverstich die vier umgebügelten Kanten nacheinander einzeln absteppen. Die Fadenenden auf die linke Stoffseite ziehen, verknoten und durch das Nahtinnere ziehen.

GESCHENKE-SÄCKCHEN

Coverlock Spezial:

• Rüschenband mit dem Kettenstich aufnähen
• Kordeldurchzug mit dem zweifachen, breiten Coverstich nähen

Größe

Klein 9 cm x 12,5 cm x 3 cm
Groß 11 cm x 15,5 cm x 3 cm

Material

- Leinenstoff, 25 cm x 20 cm (für kleines Säckchen)
- Leinenstoff, 30 cm x 25 cm (für großes Säckchen)
- Dünner, weicher Stoff für die Rüsche, z.B. Chiffon, 80 cm x 10 cm
- Metallicgarn oder dünne Kordel, 240 cm lang
- Perlen nach Wunsch, 8 Stück

Schnittteile

- Kleines Säckchen, 1x 20 cm x 17 cm
- Großes Säckchen, 1x 24 cm x 20 cm
- Rüsche, 2x 80 cm x 4 cm

Nahtzugaben

Die Maße beinhalten an der oberen Kante 3 cm Zugabe für den Umschlag, an allen anderen Kanten 0,8 cm Nahtzugaben.

Nähen

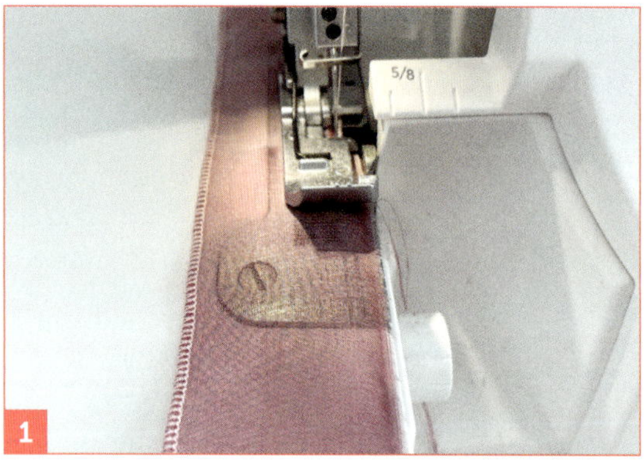

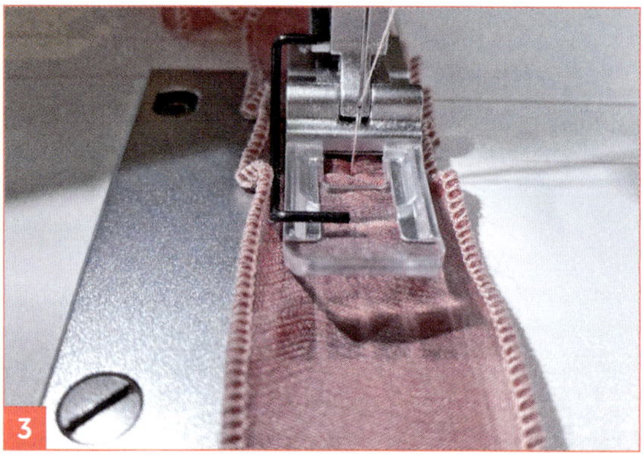

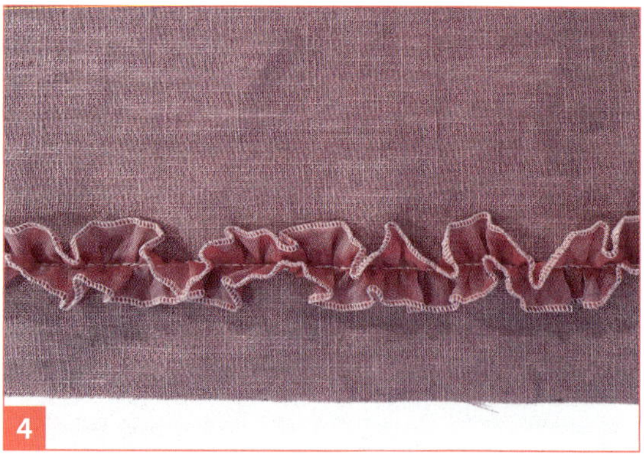

1 Pro Säckchen: Die langen Kanten des Rüschenstreifens mit einem Rollsaum mit der Overlock versäubern. Dazu folgende Einstellungen an der Overlock vornehmen:

Kettelfingerschalter: R

Schieberegler für untere Greifervorspannung: von „standard" auf „tight"

Stichlänge: R

Nadel: nur die rechte Nadel einfädeln

2 Für den oberen Umschlag an einer langen Kante des Stoffrechtecks erst 0,5 cm, dann 2,5 cm nach links umbügeln und von der linken Stoffseite aus mit dem zweifachen, breiten Coverstich an der eingeschlagenen Kante entlang nähen.

3 Den Kettenstich anwenden, um den Stoffstreifen in der Mitte einzukräuseln und eine Rüsche zu erzeugen. Dafür die Coverlock folgendermaßen einstellen:

Stichlänge: 4

Differentialtransport: 2.0

Nadel: nur die mittlere Nadel

4 Auf die rechte Stoffseite des Rechtecks, 5 cm von der unteren, langen Kante entfernt, eine Markierungslinie mit Kreide einzeichnen. Die Kräuselnaht der Rüsche links auf rechts auf den Kreidestrich stecken und die Rüsche mit dem Kettenstich (Standardeinstellung) aufnähen.

6

5 Das Rechteck an den kurzen Kanten rechts auf rechts aufeinanderstecken und diese mit der Overlock schließen. Anschließend die untere, offene Kante mit der Overlock schließen. Für die Bodentiefe an den unteren Ecken die Seitennaht und die untere Naht rechts auf rechts aufeinanderstecken und 1,5 cm von der Ecke entfernt eine Querlinie markieren. An dieser Linie die Ecke mit der Overlock abnähen. Alle Fäden verknoten, vernähen und das Säckchen wenden.

6 Für den Verschluss zwei Stücke Band von 60 cm Länge abschneiden. Nun ein Band, an der Seitennaht beginnend, mit einer stumpfen Stopfnadel bis zum Anfangspunkt durch die Covernaht führen. Das zweite Band, gegenüber der Seitennaht beginnend, einmal rundherum durch die Covernaht führen. Kordelenden mit einer Perle verzieren.

DAMEN-KAPUZENPULLI

Coverlock Spezial:

- Ärmelpasse und vordere Kapuzenkante mit dem dreifachen Deckstich und einem Metallic-Effektgarn absteppen
- Kängurutasche mit dem dreifachen Deckstich säumen und mit dem zweifachen, schmalen Deckstich und einem Metallic-Effektgarn aufnähen

Größe

36/38/40/42/44

Schnittbogen

A

Material

- Sweatshirtstoff, 140 cm x 180 cm für alle Größen
- Bündchenware, 140 cm x 30 cm für alle Größen
- Metallic-Effektgarn, z.B. von Madeira No. 40 Sparkling, 1x
- Overlockgarn, 4x

Schnittteile

- Vorderteil 2A, 1x im Stoffbruch
- Rückteil 2B, 1x im Stoffbruch
- Kapuze 2C, 4x (→ spiegelbildlich)
- Ärmelpasse 2D, 2x (→ 2x spiegelbildlich)
- Rückwärtiger Ärmel 2E, 2x (→ spiegelbildlich)
- Vorderer Ärmel 2F, 2x (→ spiegelbildlich)
- Kängurutasche 2G, 1x im Stoffbruch
- Ärmelbündchen, 22/22,5/23/24/24 cm x 13 cm, 2x
- Saumbündchen, 50/51,5/52/52/53 cm x 13 cm, 1x im Stoffbruch

Nahtzugaben

An Ärmel- und Saumbündchen sowie den seitlichen Tascheneingriffen KEINE Nahtzugaben zugeben, an allen anderen Kanten 0,8 cm.

Nähen

1

3

4

1 Für die Kängurutasche die seitlichen Tascheneingriffe 2 cm nach links bügeln. Das Metallic-Effektgarn als Deckfaden einfädeln und die Tascheneingriffe von rechts mit dem dreifachen Deckstich im Abstand von 2 cm zur Kante absteppen.

2 Die obere, untere und die seitlichen Kanten 0,8 cm nach links umbügeln. Eventuell an den Ecken die Nahtzugaben mit ein paar Handstichen in ihrer Position fixieren.

3 Die Mittellinie des Vorderteiles sowie auch die Mitte der Tasche markieren. Die Tasche gemäß Position im Schnitt aufstecken.

4 Die obere, untere und die seitlichen Kanten mit dem Metallic-Effektgarn als Deckfaden und mithilfe des zweifachen, schmalen Deckstiches bis zum jeweiligen Ende der Kante einzeln aufnähen. Die Fäden nach innen ziehen, verknoten und durch die Nahtrückseite ziehen. Den jeweiligen Anfang und das Ende der Tascheneingriffe mit einem Geradstich 3–4 mm weit sichern.

6

5 Die vorderen Ärmelteile an das Vorderteil und die rückwärtigen Ärmelteile an das Rückteil stecken und mit der Overlock annähen. Die Nahtzugaben in den Ärmel bügeln. Die Ärmelpasse an der hinteren Mitte rechts auf rechts mit der Overlock zusammennähen, die Nahtzugaben zu einer Seite bügeln.

6 Um eine flache Ziernaht zu ermöglichen, die Nahtzugaben der Ärmelpasse, der Ansatzkante des Vorder- und Rückteils und der vorderen und rückwärtigen Ärmel zunächst einzeln mit der Overlock versäubern. Ärmelpasse an Vorder- und Rückteil sowie Ärmel stecken und mit dem Kettenstich annähen. Die Nahtzugaben auseinanderbügeln. Die Ziernähte von der rechten Stoffseite aus mit dem Metallic-Effektgarn und dem dreifachen Deckstich nähen – dabei läuft die mittlere Nadel direkt auf der Kettenstichnaht.

7 Die hintere Mittelnaht der Außen- und Innenkapuze rechts auf rechts aufeinanderstecken und mit der Overlock schließen. Die Außen- und Innenkapuze an der vorderen Kapuzenkante rechts auf rechts aufeinanderstecken und ebenfalls mit der Overlock schließen. Die Nahtzugabe zu einer Seite bügeln, die beiden Kapuzenteile links auf links aufeinanderlegen und die Kante von rechts flach bügeln. Die vordere Kante mit Nadeln fixieren und im Abstand von 2 cm zur Kante mit dem dreifachen Deckstich und dem Metallic-Effektgarn absteppen.

8 Die vordere Kapuzenkante, laut Markierung im Schnitt, rechts über links legen. Mit einem Geradstich die Stofflagen 0,5 cm von der Kante entfernt fixieren. Die Kapuze, unter Berücksichtigung der Markierungen, rechts auf rechts an den Halsausschnitt stecken und mit der Overlock annähen. Eventuell anschließend die Nahtzugaben nach unten bügeln und knappkantig absteppen.

9 Vorder- und Rückteil rechts auf rechts aufeinanderlegen und die Seitennähte und die unteren Ärmelnähte mit der Overlock schließen.

10 Die Bündchen an Ärmel und Saum nähen, wie bei Modell Herren-Sweatshirt unter Punkt 8 und 9 beschrieben.

DAMEN-TANKTOP

Coverlock Spezial:

- Hals- und Armausschnitt mit Bandeinfasser und dem zweifachen, breiten Coverstich einfassen
- Saum mit dem zweifachen, schmalen Coverstich absteppen

Größe

36/38/40/42/44

Schnittbogen

C

Material

- Jersey mit Lochmuster, 140 cm x 70/75/75/75/75 cm
- Jerseystreifen in Kontrastfarbe, 140 cm x 4,2 cm
- Overlockgarn, 4x
- Bandeinfasser und Bandhalter (Zubehör für die Coverlock)

Schnittteile

- Vorderteil 3A, 1x im Stoffbruch
- Rückteil 3B, 1x im Stoffbruch

Nahtzugaben

An Schulterkanten, Arm-, Hals, und Rückenausschnitt KEINE Nahtzugabe, am Saum 1,5 cm und an den Seitenkanten 0,8 cm zugeben.

Nähen

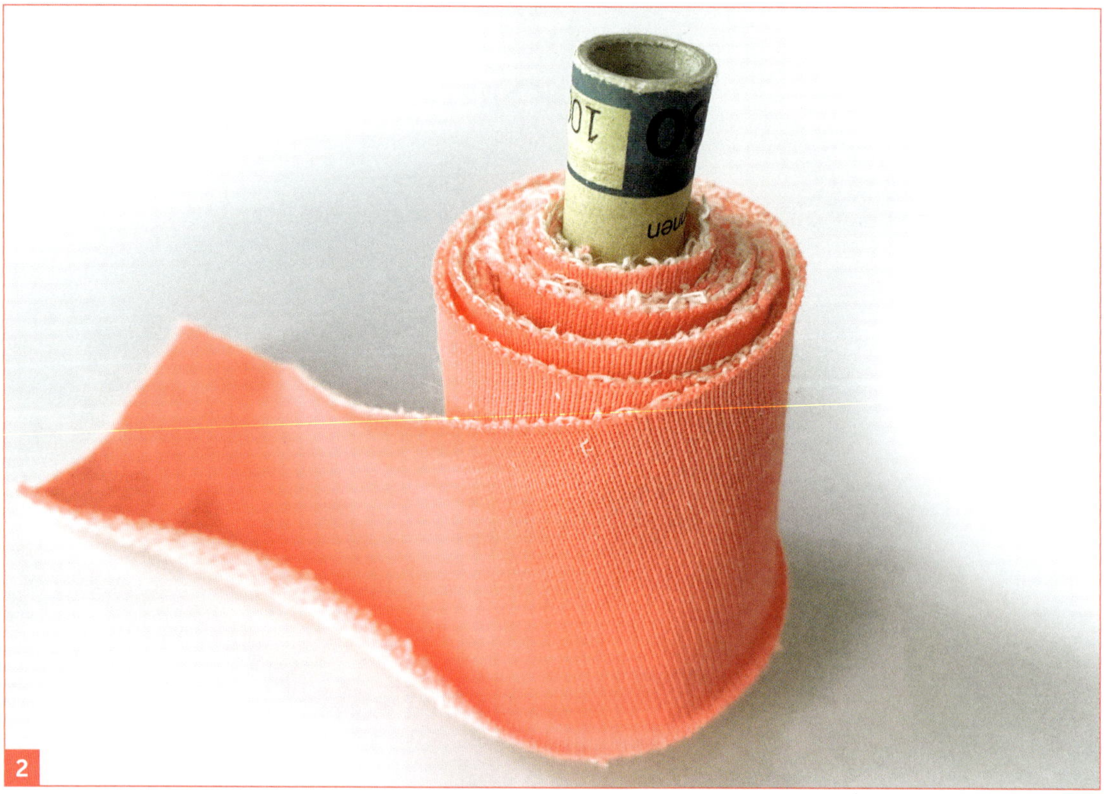

2

1 Das Vorderteil rechts auf rechts auf das Rückteil legen, die Seitenkanten aufeinanderstecken und mit der Overlock schließen.

2 Die Armausschnitte und das vordere und hintere Halsloch bei offenen Schulternähten mit dem zweifachen, breiten Coverstich und mithilfe des breiten Bandeinfassers einfassen. Vorbereitend dazu den 4,2 cm breiten Streifen auf eine leere Garnrolle wickeln. Zum leichteren Einsetzen den Bandanfang diagonal abschneiden.

3 Die Bandeinfassführung gemäß Herstelleranleitung auf die Coverlock montieren. Siehe dazu auch:

Tipp: Es hat sich hierbei als praktischer erwiesen, anders als in der Anleitung beschrieben, zuerst sowohl die Grundplatte als auch den Einfasser auf die Maschine zu montieren. Wenn beides mit den Schrauben befestigt wurde, kann mit dem Einfädeln des Bandes begonnen werden.

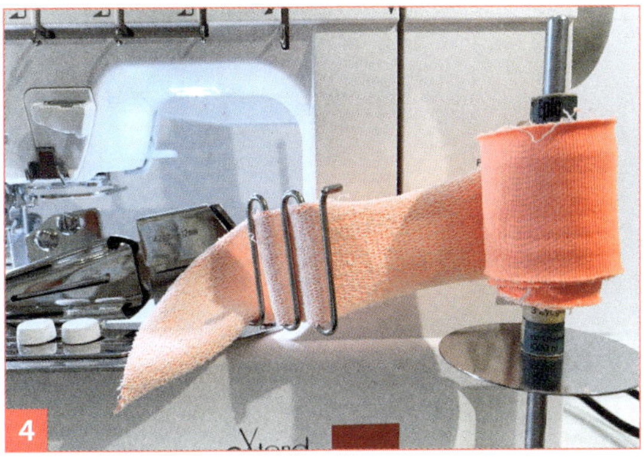

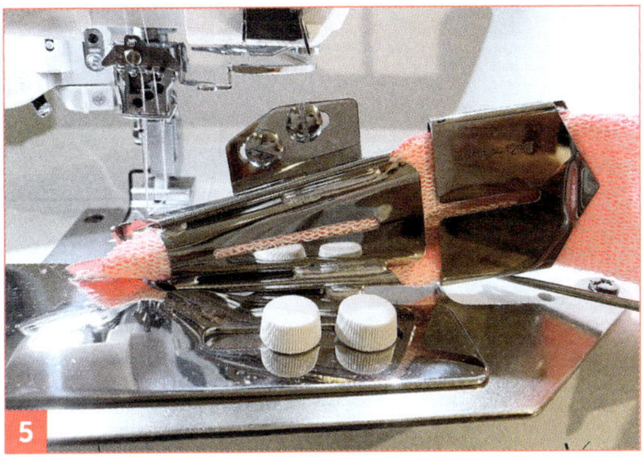

4 Die Garnrolle auf den Bandhalter stecken, die Bandführung nach vorne aufklappen und den Stoffstreifen, mit der linken Stoffseite nach vorne zeigend, durch die Bandführung einfädeln.

5 Das Band in die Führungsschiene einsetzen und mit einer Pinzette durch die sich verjüngende Öffnung ziehen, bis das Band vorne herauskommt.

6 Nun ca. 4–5 cm des Bandes aus der Mündung der Schiene herausziehen, unter das Füßchen und gerade nach hinten führen.

7 Das gefaltete Band und die Nadeln ausrichten, indem der Bandeinfasser nach links oder rechts geschoben wird. Mit der Hilfe eines Probestückes prüfen, ob beide Kanten des Bandes gleichmäßig aufeinandertreffen und die Nadeln in der gewünschten Position sind.

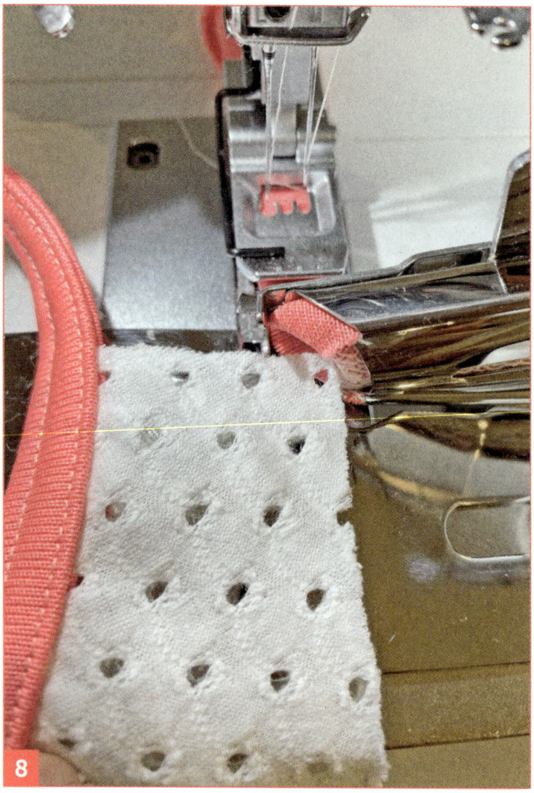

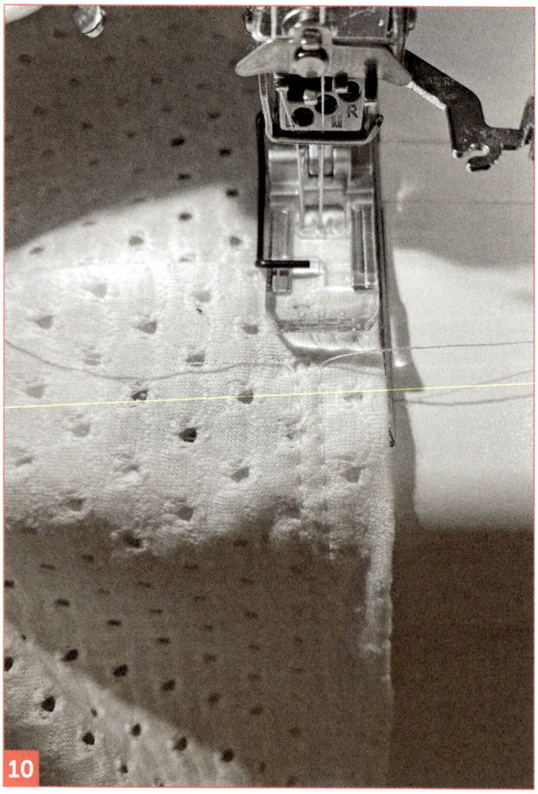

8 Die Kante des einzufassenden Ausschnittes von der linken Seite in das gefaltete Band einführen. Den Nähfuß absenken und langsam beginnen zu nähen.

9 Die Schulterkanten rechts auf rechts stecken und mit der Overlock schließen. **Tipp:** Um hier beim Zusammennähen das Verrutschen der Einfasskanten zu verhindern, diese vorher mit ein paar Handstichen fixieren. Die Fäden verknoten und durch die Naht ziehen. Die Nahtzugaben in das Rückteil bügeln und, wieder von Hand, auf dem Einfassstreifen festnähen.

10 Den Saum 1,5 cm nach links umbügeln, feststecken und mit dem zweifachen, schmalen Coverstich von rechts festnähen.

DAMEN-WICKELBLUSE

Coverlock Spezial:

- Wäschespitze mit dem zweifachen, schmalen Deckstich auf Ausschnittkanten nähen
- Seitennähte mit dem Kettenstich schließen
- Saum mit dem zweifachen, schmalen Coverstich absteppen

Größe

36/38/40/42/44

Schnittbogen

B

Material

- Feinstrickjersey mit Lochmuster (Pointoille), 140 cm x 160/165/170/175/180 cm
- Elastische Wäschespitze, 1,5 cm breit, ca. 2,50 m lang
- Vlieseline® Formband, 1,2 cm breit
- Overlockgarn, 4x

Schnittteile

- Vorderteil 4A, 2x (→ spiegelbildlich)
- Rückteil 4B, 1x im Stoffbruch
- Streifen für Bindeband rechts (kurz), 105/109/113/117/121 cm x 16 cm
- Streifen für Bindeband links (lang), 156/160/164/168/172 cm x 16 cm

Nahtzugaben

An der unteren Blusenkante 3 cm, an der vorderen, geraden Kante 2 cm, an den seitlichen Kanten 1 cm und an allen anderen Kanten 0,8 cm Nahtzugabe zugeben.

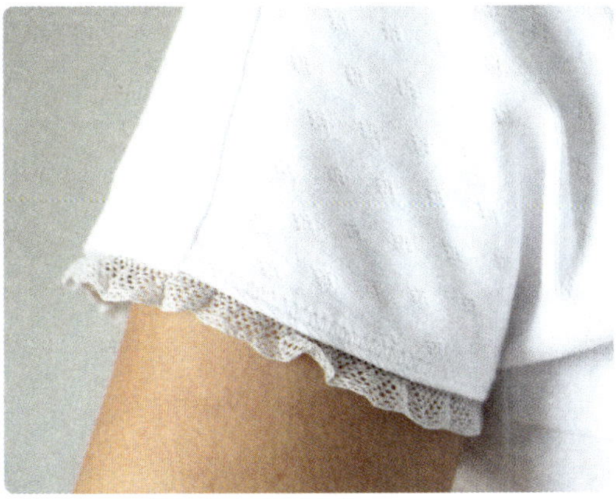

Nähen

1 An den beiden Vorderteilen die Schenkel der Brustabnäher rechts auf rechts aufeinanderlegen und feststecken. Die Abnäher mit dem Kettenstich oder Geradstich steppen. An der Spitze die Fäden von Hand verknoten und kurz vor dem Knoten abschneiden. Die Abnäher nach oben bügeln.

2 Auf die Nahtzugabe der vorderen und rückwärtigen Ausschnittkante Formband bügeln. Dann die Ausschnittkanten 0,8 cm nach links umbügeln.

3 Die Schulterkanten rechts auf rechts aufeinanderstecken und mit der Overlock zusammennähen.

4 Den Gummi der elastischen Spitzenborte unter die umgebügelte Kante des vorderen und rückwärtigen Ausschnitts heften.

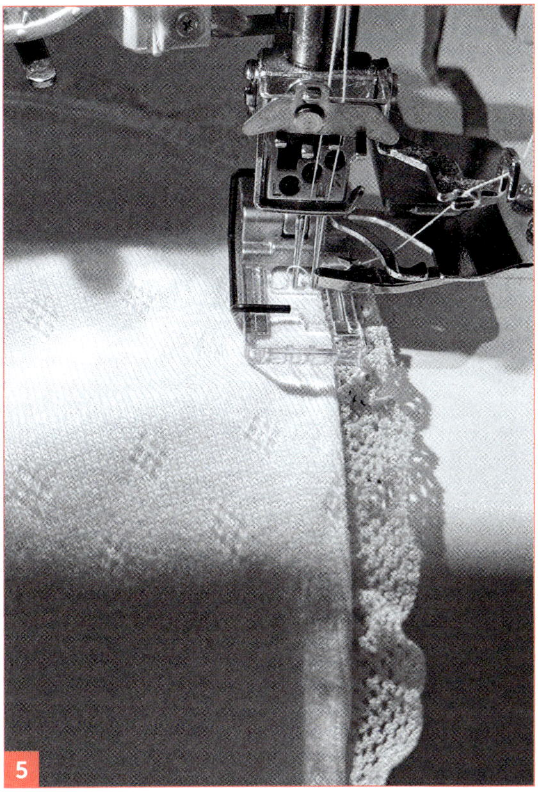

5

7

5 Von der rechten Stoffseite aus die Ausschnittkanten mit dem zweifachen, schmalen Deckstich auf die Wäschespitze nähen.

6 Die Nahtzugaben der Seitenkanten an Vorder- und Rückteil mit der Overlock versäubern.

7 Auf die Kanten der Armausschnitte Formband bügeln. Dann die offenen Kanten 0,8 cm nach innen umbügeln. Den Gummi der elastischen Wäschespitze unter die umgebügelte Kante der Armausschnitte heften. Von der rechten Stoffseite aus die Ausschnittkanten mit dem zweifachen, schmalen Deckstich auf die Wäschespitze nähen.

8 Die seitlichen Kanten von Vorder- und Rückteil rechts auf rechts aufeinanderstecken und mit dem Kettenstich von der Ärmelkante bis zum Saum schließen – dabei an der rechten seitlichen Kante der Wickelbluse die Naht bis zur Markierung für das Bindeband nähen, die Öffnung frei lassen und dann die restliche Seitennaht schließen. Die Nahtzugaben auseinanderbügeln. Die Nahtzugabe an der Öffnung mit dem Geradstich knappkantig von rechts absteppen.

9 Den Saum 1,5 cm ein- und nochmals 1,5 cm umschlagen, bügeln und feststecken. Anschließend von der rechten Seite aus mit dem zweifachen Coverstich absteppen.

10 Die Bindebänder rechts auf rechts zur Hälfte falten und feststecken. An beiden Streifen an einer kurzen Kante eine Spitze einzeichnen. Die langen Kanten und die Spitze mit dem Kettenstich oder einem Geradstich schließen. An den Spitzen die Nahtzugaben abschrägen, die Bindebänder wenden und die Kanten schön ausbügeln.

11 Die vorderen Kanten 1 cm ein- und nochmals 1 cm umschlagen, bügeln und feststecken. Das längere Bindeband mit der offenen Kante so unter den Umschlag des linken Vorderteils stecken, dass es zuerst in das Vorderteil hineinzeigt und oben mit dem Ende der vorderen Kante abschließt. Damit es in dieser Position bleibt, mit ein paar Stichen von Hand alle Lagen verbinden. Das kürzere Bindeband unter den Umschlag des rechten Vorderteils stecken und genauso verfahren.

13

12 Nun die vorderen Kanten von der rechten Seite aus mit dem zweifachen, schmalen Deckstich absteppen, dabei die Bindebänder mitfassen.

13 Die Bindebänder nach außen umklappen und die soeben abgesteppten Kanten auf die Bänder stecken und flach bügeln. Zum Schluss zur Fixierung mit einem Geradstich die Bänder mit einem Quadrat feststeppen.

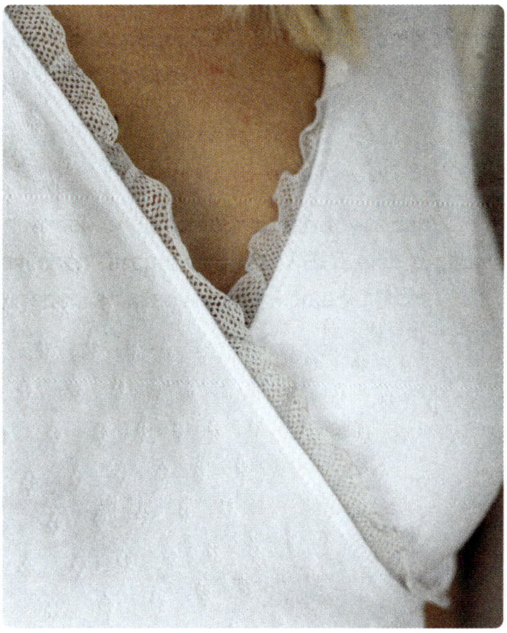

DAMEN-T-SHIRT

Coverlock Spezial:

- Saum und Ärmelabschluss mit dem zweifachen, breiten Coverstich und mithilfe des verstellbaren Führungslineals umnähen
- V-Ausschnitt mit dem Kettenstich nähen und mit dem zweifachen, breiten Coverstich absteppen

Größe
36/38/40/42/44

Schnittbogen
C

Material
- Jerseystoff, hier mit Farbverlauf, 140 cm x 85/85/85/90/90 cm
- Vlieseline® Formband, 1,2 cm breit, 15 cm lang
- Overlockgarn, 4x
- Verstellbares Führungslineal (Zubehör für die Coverlock)

Schnittteile
- Vorderteil 5A, 1x im Stoffbruch
- Rückteil 5B, 1x im Stoffbruch
- Halsausschnittbündchen, 5 cm breit, die Länge mithilfe des Schnittmusters ermitteln, siehe Punkt 3

Nahtzugaben
Am Saum und am Ärmelsaum 1,5 cm, am Halsausschnittbündchen KEINE Nahtzugabe, an allen anderen Kanten 0,8 cm Nahtzugabe zugeben.

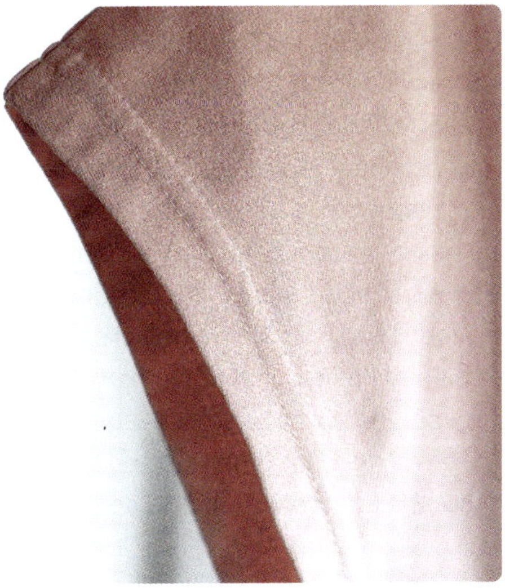

Nähen

2

3

1 Die Schulternähte mit der Overlock schließen.

2 Den unteren Teil des V-Ausschnittes mit dem Formband verstärken. Am Vorderteil den Kreuzpunkt der Nahtlinien des V-Ausschnittes mit einem Heftfaden markieren und die Nahtzugabe bis knapp vor die Markierung einschneiden.

3 Die Halsausschnittkante ausmessen, 5–10 % (abhängig von der Elastizität des Stoffes) von dieser Länge abziehen und 2 cm Nahtzugabe zugeben. Dementsprechend den Bündchenstreifen zuschneiden. Die Längskanten des Bündchens links auf links aufeinanderlegen und den Bruch bügeln. Streifen auffalten, dann die kurzen Kanten rechts auf rechts aufeinanderlegen und feststecken. Den Winkel des Ausschnittes am Schnitt messen und wie ein „V" auf die zusammengesteckte Kante zeichnen. Das „V" mit dem Kettenstich oder Geradstich abnähen, die Nahtzugabe auf 0,5 cm kürzen und die Ecke bis kurz vor die Naht einschneiden. Die Naht auseinanderbügeln und den Streifen wieder falten, sodass die rechte Stoffseite außen liegt.

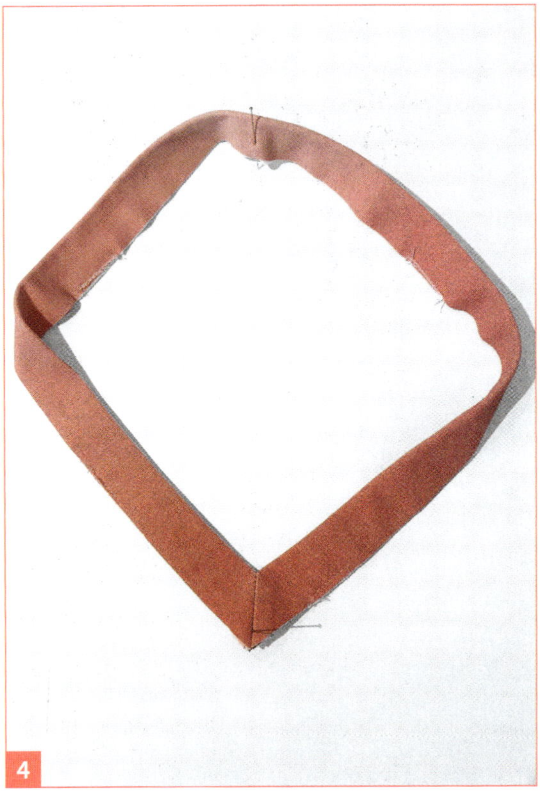

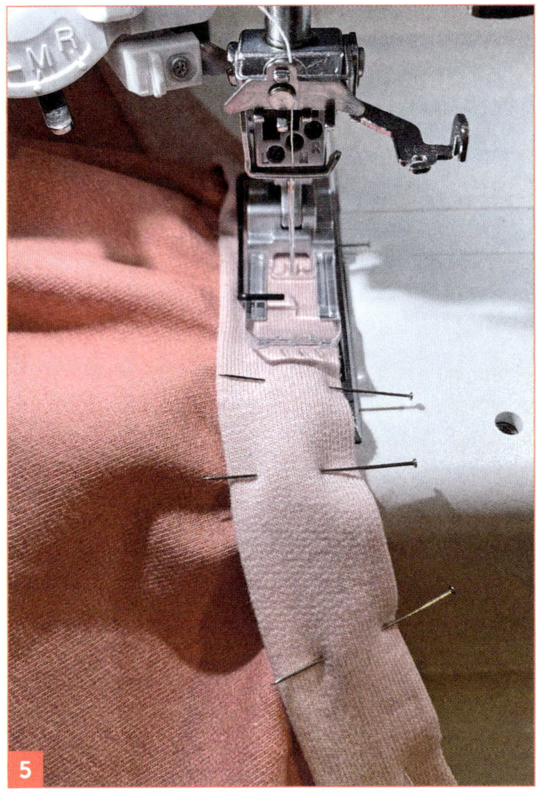

4 Das Halsausschnittbündchen an vier Stellen innerhalb der Nahtzugabe mit einer 2 cm langen Kettenstichnaht sichern.

5 Die hintere Mitte sowohl am Halsausschnitt als auch am Bündchen markieren. Nun das Bündchen, an der Spitze beginnend, rechts auf rechts an die Ausschnittkante stecken. Am Vorderteil nur sehr leicht dehnen, am Rückteil so dehnen, dass die Mehrweite gleichmäßig verteilt ist. Das Bündchen mit dem Kettenstich annähen.

6

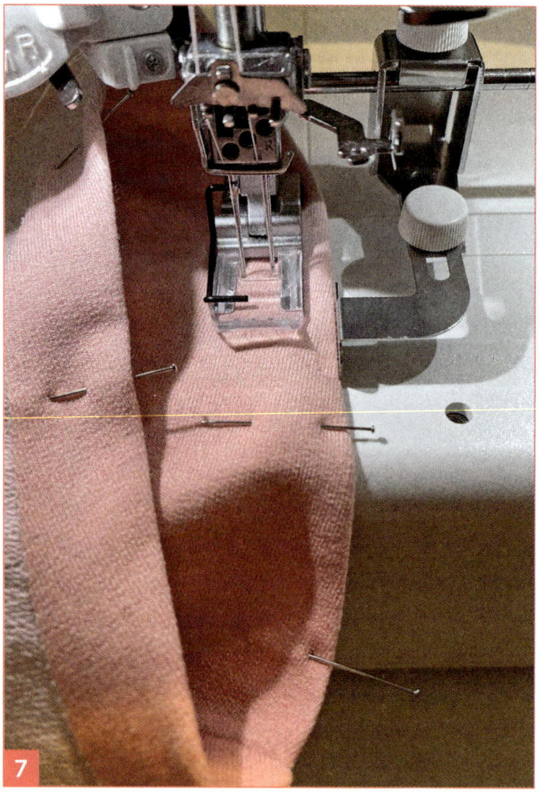

7

6 Die Nahtzugabe in das Shirt bügeln und anschließend mit dem zweifachen, breiten Coverstich knappkantig zur Bündchenansatznaht absteppen. Am Ende der Naht noch 1 cm über den Nahtanfang nähen, um diesen zu sichern. Die Fäden auf die linke Stoffseite ziehen und vernähen.

7 Die untere Kante des Shirts sowie die Ärmelkanten 1,5 cm umbügeln, mit Nadeln fixieren und von rechts mithilfe des verstellbaren Führungslineals und mit dem zweifachen, breiten Coverstich festnähen. Das Nahtende, wie zuvor beschrieben, sichern und die Fäden vernähen.

DAMEN-TOP

Coverlock Spezial:

• Spitzenborte mit dem zweifachen, schmalen Coverstich aufnähen
• Einfassstreifen mit dem Kettenstich absteppen

Größe

36/38/40/42/44

Schnittbogen

C

Material

- Jerseystoff, 140 cm x 70 cm für alle Größen
- Elastische Spitzenborte, Breite individuell (hier 10 cm), 92, 95, 100, 104, 110 cm lang
- Overlockgarn, 4x

Schnittteile

- Vorderteil 6A, 1x im Stoffbruch
- Rückteil 6B, 1x im Stoffbruch
- Einfassstreifen für Armausschnitt, 2x Armausschnittlänge minus 5–10 % x 4 cm
- Einfassstreifen für Halsausschnitt, 1x Halsausschnittlänge minus 5–10 % x 4 cm

Nahtzugaben

An Hals- und Armausschnitt sowie an den Einfassstreifen für Arm- und Halsausschnitt KEINE Nahtzugabe, am Saum 2 cm, an allen anderen Kanten 0,8 cm Nahtzugabe zugeben.

Nähen

2

3

1 Das Vorder- und das Rückteil rechts auf rechts aufeinanderlegen. Die Seiten- und die Schulterkanten aufeinanderstecken und mit der Overlock schließen.

2 Die Einfassstreifen für die Armausschnitte jeweils an einer langen Kante mit der Overlock versäubern. Pro Streifen die beiden kurzen Kanten rechts auf rechts aufeinanderstecken und mit der Overlock schließen. Den Streifen rechts auf rechts an den Armausschnitt stecken. Die Naht trifft auf die Seitennaht. Den Streifen gleichmäßig dehnen, wobei er an Rundungen etwas stärker gedehnt werden sollte.

3 Von der Streifenseite aus (vor oder nach der Seitennaht beginnend) mit der Overlock den Einfassstreifen an den Armausschnitt nähen. Den Streifen inklusive Nahtzugabe vom Armausschnitt weg bügeln.

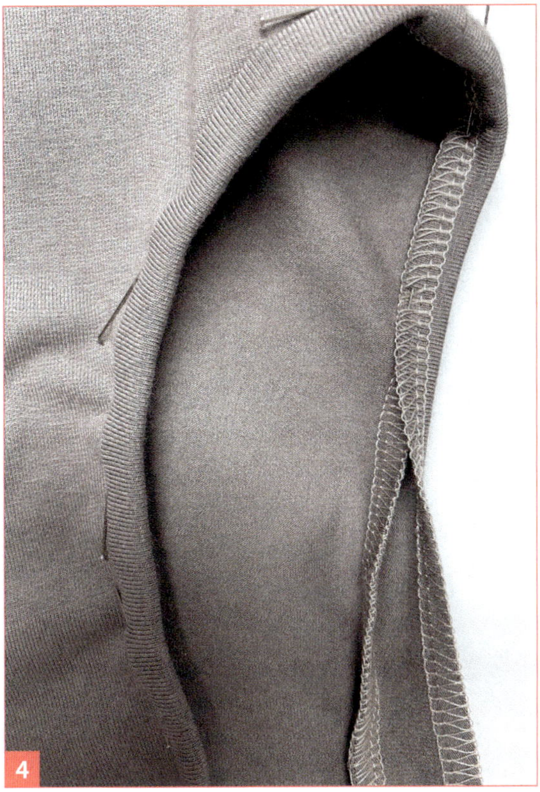

4 Den Einfassstreifen um die Nahtzugabe herum legen und von der rechten Stoffseite aus feststecken.

5 Nun den Einfassstreifen von rechts knappkantig mit dem Kettenstich absteppen.

6 Den Halsausschnitt analog zum Armausschnitt arbeiten.

7

7 Den Saum 2 cm nach innen bügeln und feststecken. Die Spitzenborte an den kurzen Kanten rechts auf rechts mit der Overlock schließen und die Nahtzugaben zu einer Seite bügeln. Nun die Spitze links auf rechts auf den umgebügelten Saum stecken, die Naht der Spitzenborte trifft auf eine Seitennaht. Die Spitzenborte mit dem zweifachen, schmalen Coverstich so aufnähen, dass die Saumschnittkante auf der Unterseite gleichzeitig versäubert wird.

FRANSENTUCH

Coverlock Spezial:

- Satinband mit dem dreifachen Deckstich zum sicheren Ausfransen einer Kante aufnähen

Größe

70 cm x 200 cm

Material

- grob gewebter Stoff, 75 cm x 205 cm
- Satinband, 1 cm breit, 6 m lang
- Overlockgarn, 5x

Schnittteile

- 70 cm x 200 cm

WICHTIG: Den Zuschnitt sorgfältig entlang dem Fadenlauf vornehmen, sonst ist später keine gerade Fransenkante möglich.

Nahtzugaben

Die Maße beinhalten 3,5 cm für die Fransenkante.

Nähen

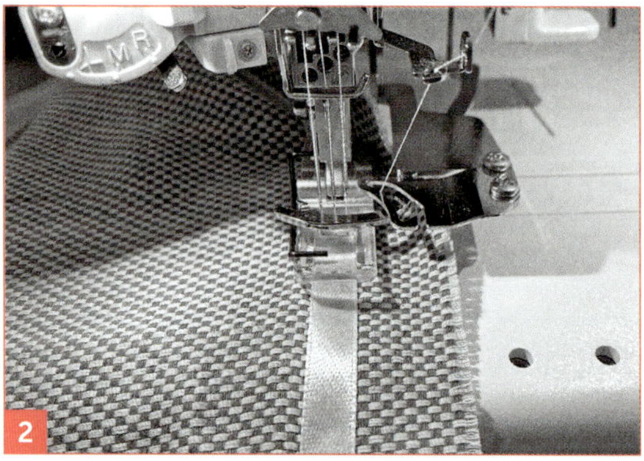

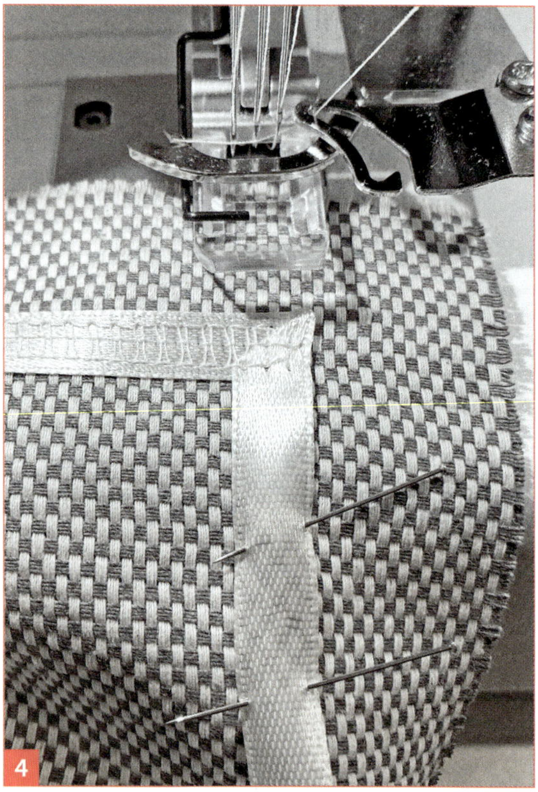

1 Die Ansatzlinie für das Satinband 3,5 cm von der Kante entfernt einzeichnen. **Tipp**: Bei grob gewebtem Stoff genügt es, die jeweilige Fadenreihe mit einer Nadel zu markieren.

2 Das Satinband auflegen und mit dem dreifachen Deckstich aufnähen.

3 Vor dem Ende jeder Geraden das Satinband zu einer spitzen Ecke legen und mit einer Nadel fixieren.

4 Nun exakt bis zum Ende des Bandes nähen, die Naht beenden und auf der Rückseite vernähen. Mit dem Nähen der nächsten Geraden am äußeren Rand der ersten Naht beginnen.

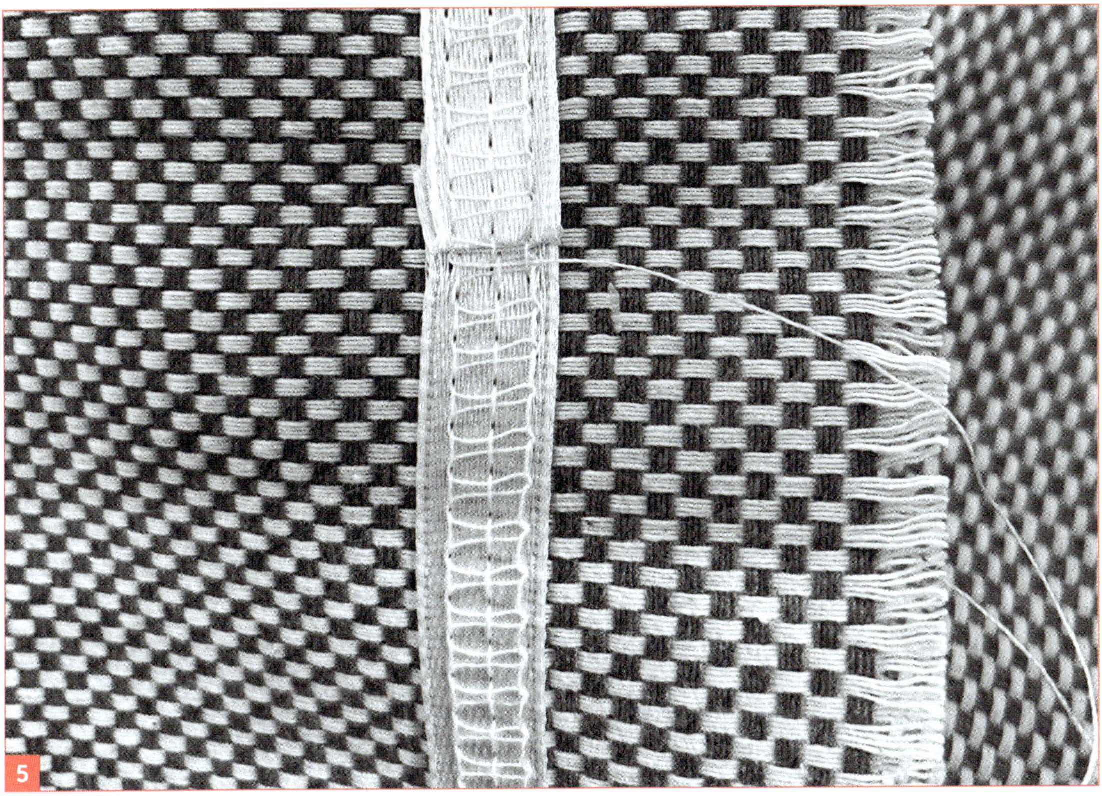

5

5 Am Nahtanfang angekommen, das Bandende 0,5 cm bis 0,7 cm nach innen umschlagen, 1 cm über den Bandanfang legen, feststecken und die Naht beenden.

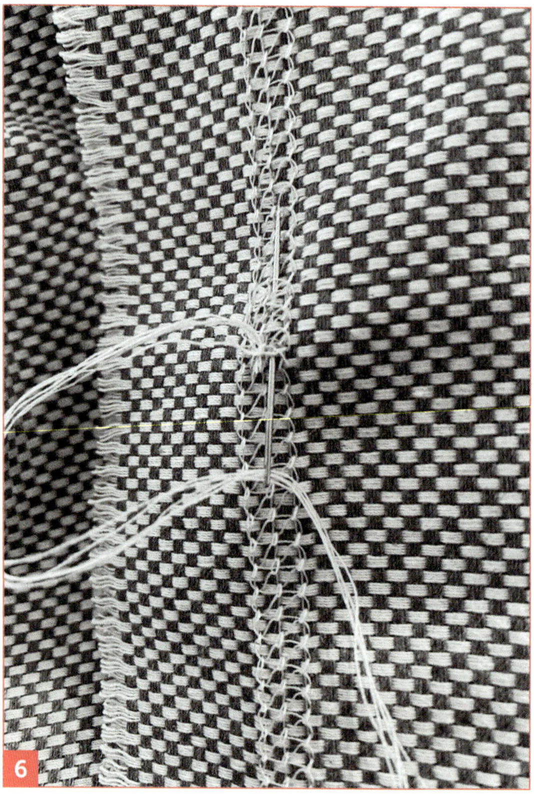

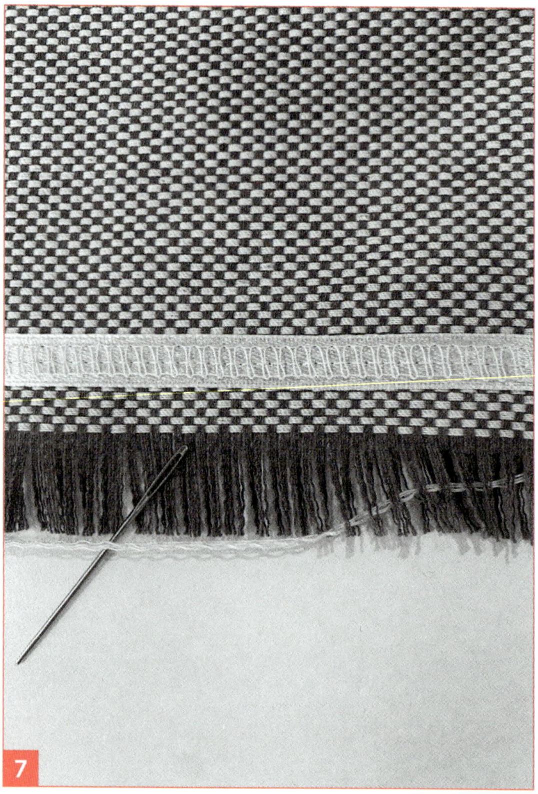

6 Die Fäden auf die linke Seite ziehen, verknoten und unauffällig ein Stück in die Covernaht einziehen. Mit den Fadenenden an den Ecken ebenso verfahren.

7 Zum Schluss an allen Kanten die Querfäden bis zur Naht vorsichtig entfernen, sodass eine gleichmäßige Fransenkante entsteht.

HERREN-SWEATSHIRT

Coverlock Spezial:

- V-Ziernaht mit dem dreifachen Deckstich nähen
- Raglanärmel mit dem dreifachen Deckstich absteppen
- Bündchenansatznaht mit dem zweifachen, breiten Coverstich absteppen

Größe

48/50/52/54

Schnittbogen

D

Material

- Sweatshirtstoff, 140 cm x 130/135/145/150 cm
- Bündchenware, 110 cm x 35 cm für alle Größen
- Overlockgarn, 5x

Schnittteile

- Vorderteil 7A, 1x im Stoffbruch
- Rückteil 7B, 1x im Stoffbruch
- Ärmel 7C, 2x (→ spiegelbildlich)
- Saumbündchen 7D, 2x (oder 1x im Stoffbruch)
- Ärmelbündchen 7E, 2x
- Halsausschnittbündchen 7F, 1x im Stoffbruch

Nahtzugaben

An den Bündchen KEINE Nahtzugaben zugeben, an allen anderen Kanten 0,8 cm Nahtzugabe zugeben.

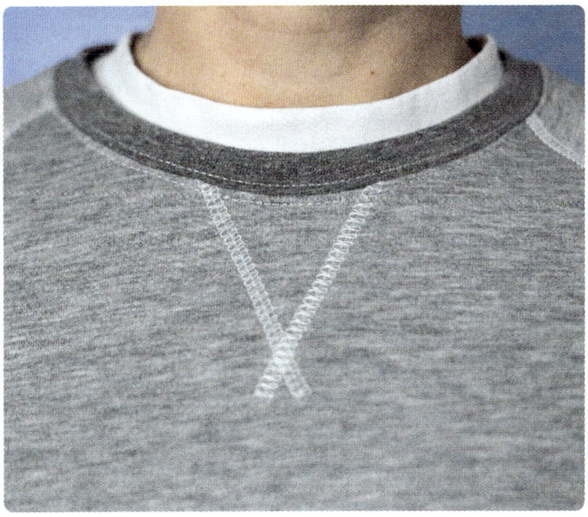

Nähen

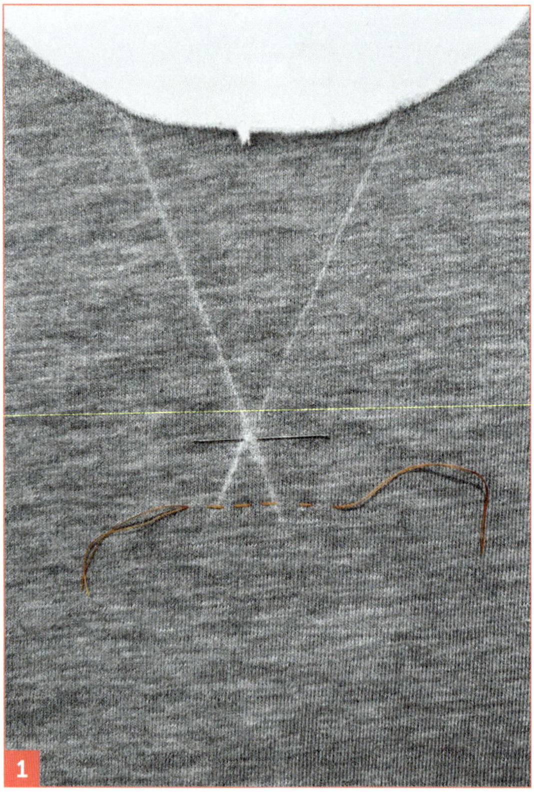

1 In der vorderen Mitte des Vorderteils ein „V" nach Wunsch mit Kreide auf die rechte Stoffseite zeichnen. Die beiden Ziernähte sollen 1 cm über den Kreuzungspunkt hinaus genäht werden. Die Endpunkte mit einem Faden in Kontrastfarbe markieren.

2 Den Kunststofffuß einsetzen und, von der Halsausschnittkante beginnend, mit dem dreifachen Deckstich bis zur Markierung nähen. Die Nadeln an die höchste Stelle bringen, den Nähfuß anheben und mit der flachen Seite der Pinzette die Nadelfäden und den Deckfaden nach vorne ziehen. Die Fäden abschneiden und dann den Stoff nach hinten links wegziehen, sodass die Nadelfäden automatisch auf die linke Stoffseite gelangen. Den Greiferfaden und den Deckfaden abschneiden. Nun den Deckfaden mit einer Nadel auf die linke Stoffseite bringen, mit den anderen Fäden verknoten, mit einer Stopfnadel durch die Naht ziehen und die Fadenenden abschneiden.

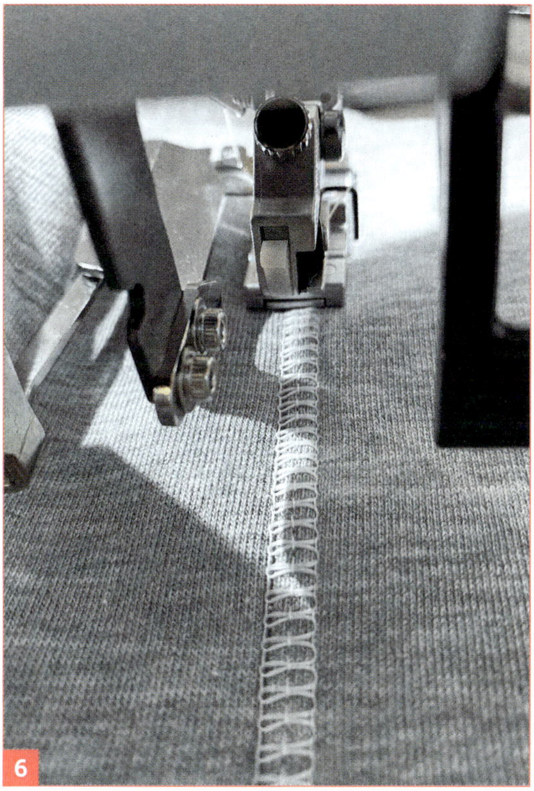

3 Die vorverlegten Seitennähte rechts auf rechts aufeinanderstecken und mit der Overlock schließen.

4 Die Nahtzugaben zum Rückteil hinbügeln. Die Naht von der rechten Stoffseite aus mit dem dreifachen Deckstich absteppen. Dabei liegt die Nahtzugabe unter dem Stoff nach links gebügelt und die rechte Kerbe am Nähfuß läuft entlang der Seitennaht. So verläuft die gesamte Breite des Stiches auf der Nahtzugabe.

5 Die Ärmelkanten rechts auf rechts aufeinanderstecken und mit der Overlock schließen. Die zusammengenähten Ärmel rechts auf rechts auf die vordere und rückwärtige Ärmelansatzkante stecken. Auf die Markierungen, speziell für die verlegte Seitennaht, achten. Die Raglanärmel mit der Overlock einnähen.

6 Die Nahtzugaben zu den Ärmeln hinbügeln und von rechts mit dem dreifachen Deckstich absteppen (siehe Punkt 4). An der mehrlagigen Achselnaht zur Vermeidung von Fehlstichen eventuell Stickfolie unterlegen.

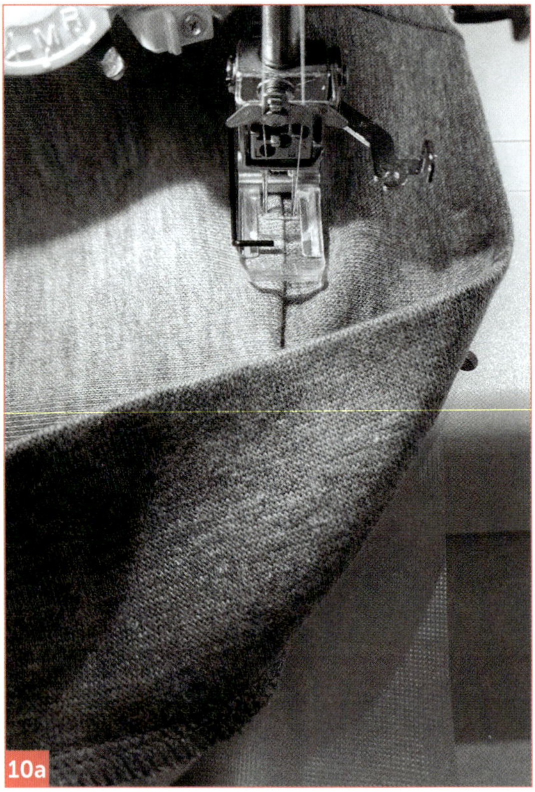

10a

10b

7 Am Halsbündchen die beiden kurzen Kanten rechts auf rechts aufeinanderlegen und mit der Overlock schließen. In der Hälfte der Naht die Nahtzugabe bis kurz vor die Naht einschneiden, die Nahtzugaben in unterschiedliche Richtungen legen und bügeln. Die Längskanten links auf links aufeinanderlegen und die Bruchkante bügeln. Die gesamte Strecke des Halsbündchens vierteln und die Ansatzpunkte markieren. Die hintere und vordere Mitte des Halsausschnittes markieren, diese beiden Punkte dann aufeinanderlegen und die seitlichen Brüche markieren. Die Naht des Halsbündchens rechts auf rechts auf die hintere Mitte der Ausschnittkante stecken, dann die weiteren Markierungen aufeinanderstecken und die Mehrweite dazwischen gleichmäßig verteilen. Das Bündchen mit der Overlock annähen.

8 Das Ärmelbündchen annähen, wie unter Punkt 7 beschrieben. Die Bündchennaht trifft auf die Ärmelnaht.

9 Das Saumbündchen annähen, wie unter Punkt 7 beschrieben. Wird das Bündchen im Bruch zugeschnitten und hat es nur eine Naht, diese auf eine der versetzten Seitennähte treffen lassen.

10 Alle Bündchenansatznähte von rechts mit dem zweifachen, breiten Coverstich absteppen. Dabei verläuft die Naht exakt in der Mitte der beiden Nadeln. An den mehrlagigen Stellen eventuell Stickfolie zur Vermeidung von Fehlstichen unterlegen.

HERREN-SHORTS

Coverlock Spezial:

- Eingrifftaschenkanten mit dem dreifachen Deckstich absteppen
- Hosenbund für Gummibanddurchzug mit dem zweifachen, schmalen Deckstich absteppen
- Hintere Hosentaschen mit dem dreifachen Deckstich aufnähen
- Hosensaum mit dem zweifachen, schmalen Coverstich und mithilfe des verstellbaren Führungslineals umnähen

Größe

48/50/52/54

Schnittbogen

D

Material

- Sweatshirtstoff (hier mit Struktur), 140 cm x 120/120/125/130 cm
- Vlieseline® Formband, 1,2 cm breit, 40 cm lang
- Flachkordel, 140 cm lang
- Overlockgarn, 5x
- Verstellbares Führungslineal (Zubehör für die Coverlock)

Schnittteile

- Vorderes Hosenbein 8A, 2x (→ spiegelbildlich)
- Rückwärtiges Hosenbein 8B, 2x (→ spiegelbildlich)
- Hüftpasse mit angeschnittenem Taschenbeutel 8C, 2x (→ spiegelbildlich)
- Taschenbeutel 8D, 2x (→ spiegelbildlich)
- Aufgesetzte Tasche 8E, 2x
- Hosenbund 8F, 1x im Stoffbruch

Nahtzugaben

An den aufgesetzten Taschen KEINE Nahtzugabe zugeben. Am Saum 2,5 cm Nahtzugabe zugeben, an allen anderen Kanten 0,8 cm.

Nähen

1

3

1 An den Kanten der beiden Tascheneingriffe von links Formband aufbügeln. Dies verhindert das Ausleiern der Kante und gibt mehr Stabilität. Nun die seitlichen Eingriffstaschen nähen. Dazu den Taschenbeutel rechts auf rechts an die Eingriffskante der Vorderhose stecken und mit der Overlock annähen. Den Taschenbeutel auf die linke Seite umschlagen, die Naht flach bügeln. Dann die Naht 2 mm nach innen verschieben, sodass sie von außen nicht mehr sichtbar ist. Die Kante noch einmal bügeln, feststecken oder mit einem Heftstich fixieren. Mit dem dreifachen Deckstich 1 cm von der Kante entfernt den Tascheneingriff absteppen.

2 Das Hosenteil mit dem darunterliegenden Taschenbeutel so auf die rechte Stoffseite der Hüftpasse mit angeschnittenem Taschenbeutel legen, dass die Eingriffsmarkierungen aufeinanderpassen und die obere und seitliche Kante bündig aufeinanderliegen. Die Lagen feststecken. Das Hosenteil wenden – mit der rechten Stoffseite nach unten zeigend – und den angeschnittenen Taschenbeutel auf den Taschenbeutel stecken und mit der Overlock schließen. Nun die Taschenbeutelnaht flach bügeln. Alle drei Lagen an der oberen und seitlichen Kante mit ein paar Heftstichen oder dem Geradstich fixieren. Mit der zweiten Eingriffstasche genauso verfahren.

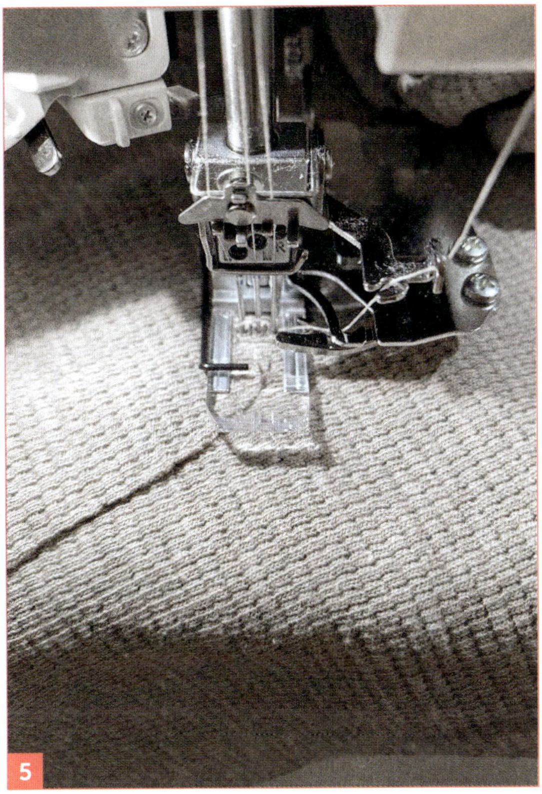

3 Die aufgesetzten Taschen an der oberen Kante laut Schnitt nach links umbügeln. Mit dem dreifachen Deckstich im Abstand von 2,5 cm zur Kante nähen. Die Fadenraupen zum Sichern mit einer Stopfnadel auf der linken Seite durch die Naht führen.

4 Die exakte Taschenposition dem Schnitt entnehmen und mit Nadeln auf die rechte Stoffseite der beiden rückwärtigen Hosenteile übertragen. Die Taschen auflegen und mit gleichfarbigem Overlockgarn 2–3 mm neben der Schnittkante anheften (Faden kann unter dem Deckstich bleiben) oder mit auswaschbarem Klebeband an der markierten Position aufkleben.

5 Die Hosentaschen mit dem dreifachen Deckstich – in der rechten, oberen Ecke beginnend – knappkantig aufnähen. An der ersten Rundung den Nähfuß anheben, bei hochgestellten Nadeln den Stoff etwas drehen, den Nähfuß wieder absetzen und zwei Stiche weiternähen. Diesen Arbeitsschritt zwei- bis dreimal wiederholen, bis die Rundung beendet ist. Die zweite Rundung gleichermaßen nähen.

6 An der linken, oberen Kante der Tasche den letzten Stich nähen, den Nähfuß anheben, die Nadeln hochstellen und mit dem Handmaß oder einer flachen Pinzette die drei Nähfäden zur linken Seite herausziehen und abschneiden. Nun das Nähgut nach hinten links herausziehen, dabei ziehen sich die Nadelfäden automatisch auf die linke Stoffseite.

7a

7b

7 Alle Fäden abschneiden, miteinander verknoten und in die Naht einziehen. Zur Sicherung am Nahtanfang und -ende mit einem Geradstich eine 3–5 mm lange Quernaht auf der Deckstichnaht nähen.

8 Je ein vorderes und ein rückwärtiges Hosenbein rechts auf rechts aufeinanderlegen, die äußere und die innere Beinnaht mit der Overlock schließen. Ein Hosenbein umdrehen, sodass die rechte Stoffseite außen liegt, und dieses in das andere Hosenbein stecken. Die Schrittkanten nun rechts auf rechts aufeinanderstecken, dabei auf das exakte Zusammentreffen der inneren Beinnähte achten. Die Schrittnaht mit der Overlock schließen.

9 An den markierten Stellen im Bund die Knopflöcher für das Bindeband auf der späteren Außenseite des Bündchens einnähen. Zuvor das Material mit Bügeleinlage verstärken.

10 Die kurzen, offenen Kanten des Hosenbundes rechts auf rechts aufeinanderstecken, mit einem Geradstich 5,5 cm schließen, 4 cm für das Einziehen des Gummis offen lassen und dann noch 1 cm bis zum Ende der Kante zunähen. Die Nahtzugaben auseinanderbügeln.

12

13

11 Die langen Kanten des Bundes links auf links aufeinanderlegen. Den Bund der Länge nach zur Hälfte falten und die Gegenseite der Naht markieren. Den Bund rechts auf rechts an die Taillenkante stecken, dabei trifft die Bundnaht auf die hintere Mitte und die Markierung am Bund auf die vordere Mitte. Den Bund mit der Overlock annähen. Das Gummiband durch die Öffnung ziehen, 1 cm übereinanderlegen und mit einem Geradstich zusammennähen. Die Öffnung mit ein paar Handstichen schließen.

12 Den Bund mit einem zweifachen, schmalen Deckstich 1,2 cm von der oberen Kante und 1,2 cm von der Ansatznaht entfernt absteppen. Jetzt die Kordel in den mittleren Tunnel einziehen.

13 Abschließend den Saum 2,5 cm umbügeln, feststecken und mit dem zweifachen, schmalen Coverstich und mithilfe des verstellbaren Führungslineals absteppen.

KINDER-SHIRT

Coverlock Spezial:

• Ziernähte mit Multicolorgarn und dem dreifachen Deckstich aufnähen
• Hals- und Armausschnitt mit dem zweifachen, schmalen Deckstich absteppen
• Saum mit dem zweifachen, schmalen Coverstich nähen

Größe

92–98/104–110/116–122/128–134

Schnittbogen

B

Material

- Jerseystoff, 140 cm x 50/55/60/65 cm
- Jerseystoff für Einfassung, 140 cm x 6 cm
- Aufbügelbare Einlage (z.B. Vlieseline® H 609), Breite des Vorderteils x 12 cm
- Multicolorgarn, z.B. Bulky-Lock 80 von Gütermann
- Overlockgarn, 4x
- Schneiderkopierpapier

Schnittteile

- Vorderteil 9A, 1x im Stoffbruch
- Rückteil 9B, 1x im Stoffbruch
- Einfassstreifen für Armausschnitt, 2x Armausschnittlänge minus 5–10 % x 4 cm
- Einfassstreifen für Halsausschnitt, 1x Halsausschnittlänge minus 5–10 % x 4 cm

Nahtzugaben

Am Saum 2 cm, an Arm- und Halsausschnitt sowie an den Einfassstreifen KEINE Nahtzugabe, an allen anderen Kanten 0,8 cm Nahtzugabe zugeben.

Nähen

1

3

1 Beim Vorderteil den Bereich der Ziernähte mit Bügeleinlage großflächig verstärken. Die Ziernähte mit einem Kopierpapier vom Schnitt auf die rechte Seite des Vorderteils übertragen. Der Abstand der Linien zueinander beträgt 1,5 cm. Das Multicolorgarn als Deckfaden einfädeln und die Ziernähte mit dem dreifachen Deckstich entlang der markierten Linien aufnähen.

2 Die Seitennähte und die Schulternähte mit der Overlock schließen.

3 Pro Einfassstreifen für den Armausschnitt jeweils die kurzen Kanten mit der Overlock rechts auf rechts schließen. Den Streifen zur Hälfte legen und die gegenüberliegende Seite der Naht mit einer Nadel oder einem Knips markieren. Die rechte Seite des Streifens auf die linke Seite des Armausschnittes stecken. Dabei trifft die Naht des Streifens auf die Seitennaht und die gegenüberliegende Markierung auf die Schulternaht. Die Mehrweite gleichmäßig verteilen und den Streifen mit der Overlock annähen.

4

5

4 Den Einfassstreifen nach oben legen und die Naht flach bügeln. Dann die offene Kante des Streifens links auf links direkt an die Overlockkante legen.

5 Nun den Einfassstreifen erneut umlegen, sodass die komplette Overlocknaht verdeckt ist, und feststecken.

6 Die Einfassung von der rechten Stoffseite aus mit dem zweifachen, schmalen Deckstich knappkantig absteppen. Am Ende der Naht 1 cm über den Nahtanfang nähen, die Fäden nach links ziehen, verknoten und durch die rückwärtige Naht stechen (siehe dazu auch Seite 34).

7 Den Halsausschnitt analog zum Armausschnitt nähen.

8 Den Saum 2 cm nach links umbügeln, feststecken und mit dem zweifachen, schmalen Coverstich von der rechten Stoffseite aus festnähen.

KINDER-ROCK

Coverlock Spezial:

• Rockbund smoken mithilfe des Gummibandkräuslers und dem zweifachen, breiten Coverstich
• Rocksaum mit dem dreifachen Deckstich und einem Multicolorgarn nähen

Größe

92–98/104–110/116–122/128–134

Material

- Jersey, 95/100/105/110 cm x 40 cm
- Gummiband, 1 cm breit
- Multicolorgarn, z.B. Bulky-Lock 80 von Gütermann, 1x
- Overlockgarn, 4x
- Gummibandkräusler (Zubehör für die Coverlock)

Schnittteile

- Rock, 1x Taillenweite plus Nahtzugabe cm x 31/33/35/37 cm
  HINWEIS: Da die Stärke der Kräuselung individuell unterschiedlich ausfällt (siehe Punkt 5), das Rockteil erst nach dem Einkräuseln exakt zuschneiden.

Nahtzugaben

Die Maße beinhalten 1,2 cm Umschlagzugabe an der oberen Kante, 1,5 cm Saumzugabe an der unteren Kante und 0,8 cm Nahtzugabe an den Seiten.

Nähen

1

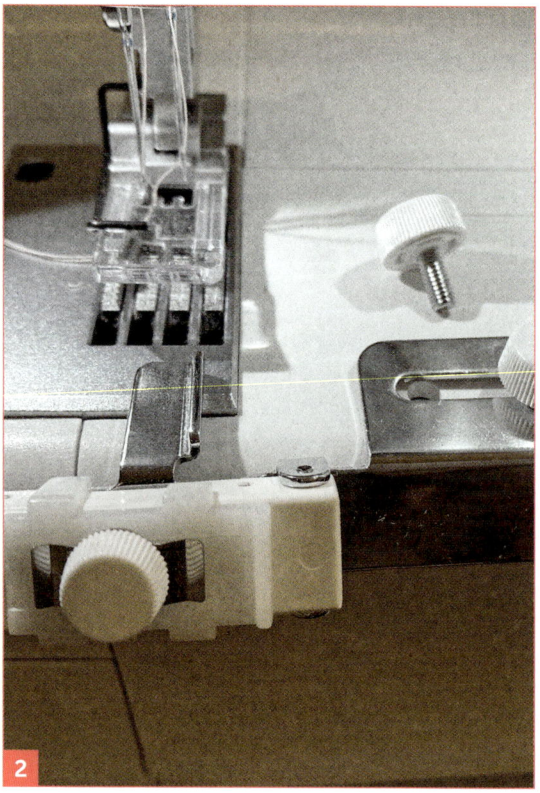

2

1 Die obere Längskante 1,2 cm nach links umbügeln. Zur Vorbereitung für den gesmokten Bund 1 cm von der umgebügelten Kante entfernt über die gesamte Stoffbreite einen Markierungsfaden einziehen. Noch drei weitere Linien im Abstand von jeweils 1,5 cm mit der Schneiderkreide einzeichnen oder ebenso einen Markierungsfaden einziehen.

2 Den Gummibandkräusler mit den im Zubehör enthaltenen Schrauben an der vorderen Kante der Coverlock befestigen.

3 Den Deckel der Gummibandhalterung an der Metallklammer öffnen und das Gummiband an der rechten Metallkante anlegen. Den Deckel wieder schließen.

4 Mit dem zweifachen, breiten Coverstich erst nur auf dem Gummiband beginnen, ca. 3–4 cm zu nähen.

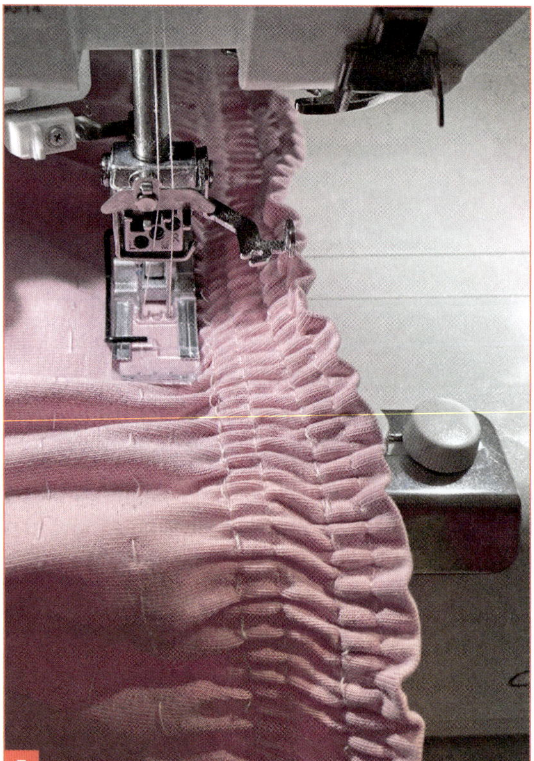

5 Ein Stück Probestoff unter den Nähfuß legen und den Stoff auf das Gummiband nähen. Durch das Anziehen der Einstellschraube kann nun die Stärke der Kräuselung festgelegt werden. Ist die gewünschte Kräuselung erreicht, mit der ersten, markierten Linie am Rockbund beginnen zu nähen. Anschließend die weiteren drei Reihen einkräuseln.

6 Die Seitennaht des Rockes mit der Overlock schließen. Dabei darauf achten, dass Anfang und Ende der jeweiligen Kräuselnaht aufeinandertreffen. Die Nahtzugaben nach hinten bügeln und am Bund mit ein paar Handstichen fixieren.

7 Den Saum 1,5 cm nach links umbügeln, feststecken und von der rechten Stoffseite aus mit dem Multicolorgarn und dem dreifachen Deckstich absteppen.

KINDER-BADEANZUG

Coverlock Spezial:

- Arm- und Halsausschnitt mit elastischem Falzgummi mit dem zweifachen, schmalen Coverstich einfassen
- Badegummi mit dem zweifachen, schmalen Coverstich unter den Beinausschnitt nähen

Größe

92–98/104–110/116–122/128–134

Schnittbogen

B

Material

- Badeanzugstoff, 140 cm x 40/40/45/50 cm
- Badegummi, 6-8 mm breit, ca. 85/90/95/100 cm lang
- Falzgummi, 2 cm breit, ca. 125/130/135/140 cm lang (fertige Breite 1 cm)
- Bauschgarn, 1x
- Overlockgarn, 2x

Schnittteile

- Oberes Vorderteil 10A, 1x im Stoffbruch
- Unteres Vorderteil 10B, 1x im Stoffbruch
- Oberes Rückteil 10C, 1x im Stoffbruch
- Unteres Rückteil 10D, 1x im Stoffbruch
- Zwickel 10E, 1x im Stoffbruch
- Rüsche, 1x 75/80/85/90 cm x 6/7/8/9 cm

Nahtzugaben

Die Rüsche ohne Nahtzugaben, an allen anderen Kanten 0,8 cm zugeben.

Nähen

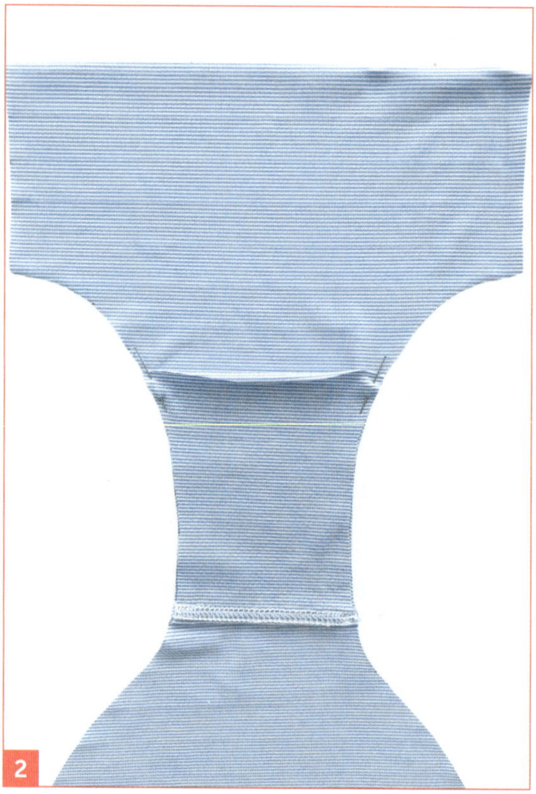

2

3

1 Das untere Vorderteil und das untere Rückteil bündig zur Schrittkante rechts auf rechts aufeinanderlegen. Auf die linke Seite des unteren Rückteiles den Zwickel mit der rechten Seite nach unten ebenso bündig zur Schrittkante darüberlegen. Die Schrittkanten zusammenstecken oder -klammern und mit einem Geradstich schließen.

2 Den Zwickel auf die andere Seite klappen, nun liegt er links auf links auf dem unteren Vorderteil. Die Kante bügeln und mit dem zweifachen, breiten Coverstich absteppen.

3 Den Beinausschnitt ausmessen und von der Gesamtlänge 5 % abziehen. Das Gummiband dementsprechend zuschneiden und auf die linke Seite der Nahtzugabe des Beinausschnittes stecken. Dabei das Band leicht dehnen und mit dem Kettenstich auf die Nahtzugabe nähen.

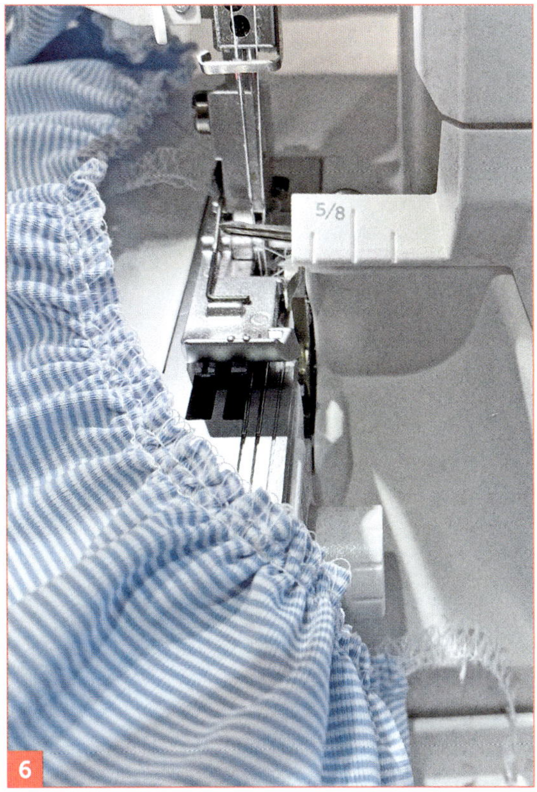

4 Nun die Nahtzugabe mit dem aufgenähten Gummiband auf die linke Seite umklappen, feststecken und von rechts mit dem zweifachen, schmalen Coverstich festnähen.

5 Die Seitenkanten des oberen Vorderteils rechts auf rechts auf die Seitenkanten des oberen Rückteils stecken und mit der Overlock schließen. Ebenso mit den Seitenkanten der unteren Schnittteile verfahren. Die jeweiligen Nahtzugaben in Richtung des Rückteils legen.

6 Den Rüschenstreifen an einer Längskante mit der Overlock auf die Weite des unteren Badeanzugteils einkräuseln. Das Schneidemesser läuft dabei entlang der Stoffkante. Es empfiehlt sich, eine Nähprobe der Kräuselung zu machen. Folgende Einstellung an der Overlock vornehmen:

Linke Nadel: maximale Fadenspannung
Differential: 2,0
Stichlänge: 4,0
Anschließend die Seitennaht der Rüsche mit der Overlock schließen.

9

7 Die Rüsche mit der gekräuselten Längskante links auf rechts auf die obere Kante des unteren Badeanzugteils stecken. Die Naht der Rüsche trifft auf eine Seitennaht. Darüber, rechts auf rechts, die untere Kante des oberen Badeanzugteils stecken.

8 Alle drei Lagen (die Rüsche als Sandwich innenliegend) mit dem Kettenstich zusammennähen. Die Nählinie sollte 1 mm weiter in das Teil hinein reichen als die Overlock-Kräuselnaht, damit sie später von außen nicht sichtbar ist. Die Nahtzugabe nach oben klappen und eventuell absteppen. Die untere Kante der Rüsche kann unversäubert bleiben, da Badeanzugjersey nicht ausfranst und die Rüsche so weicher fällt.

9 Den Halsausschnitt ausmessen und von der Gesamtlänge 10 % abziehen. Der Länge noch 1,5 cm Nahtzugabe zugeben und das Falzgummi dementsprechend zuschneiden. Die beiden kurzen Kanten rechts auf rechts mit einer Nahtzugabe von 0,75 cm mit einem Geradstich zusammennähen. Die vordere und die hintere Mitte am Halsausschnitt ermitteln, indem die Schulternähte aufeinandergelegt werden. Auch das Falzgummi zur Hälfte legen und so die hintere Mitte (Naht) und die vordere Mitte markieren. Den Ausschnitt links auf links bis zur inneren Falzkante auf das Gummi stecken. Hierbei sollte die meiste Dehnung an den Rundungen stattfinden.

10 Nun das Falzgummi nach rechts umlegen und so die Kante einfassen. Für ein gleichmäßiges Nähergebnis zuerst an der Falzgummikante alle Lagen knappkantig von Hand zusammenheften.

11 In der hinteren Mitte beginnend, mit dem zweifachen, schmalen Coverstich das Falzgummi absteppen.

12 Die Armausschnitte analog zum Halsausschnitt einfassen.

KINDER-HOSE

Coverlock Spezial:

• Knie- und Gesäßverstärkungen mit dem dreifachen Deckstich aufnähen

Größe

74–80–86/92–98–104

Schnittbogen

B

Material

- Breitcord, 140 cm x 55/65 cm
- Baumwollstoff für die Verstärkungen, 80 cm x 25 cm
- Bündchenware, 80/90 cm x 25 cm
- Overlockgarn, 5x

Schnittteile

- Vorderes Hosenbein 11A, 2x (→ spiegelbildlich)
- Rückwärtiges Hosenbein 11B, 2x (→ spiegelbildlich)
- Knieverstärkung 11C, 2x (→ spiegelbildlich)
- Gesäßverstärkung 11D, 2x (→ spiegelbildlich)
- Taillenbund, 1x 38/42 cm x 20 cm
- Beinbündchen, 2x 15/18 x 20 cm

Nahtzugaben

An oberer und unterer Kante der Knie- und Gesäßverstärkungen KEINE Nahtzugabe zugeben, an allen anderen Kanten 0,8 cm zugeben.

Nähen

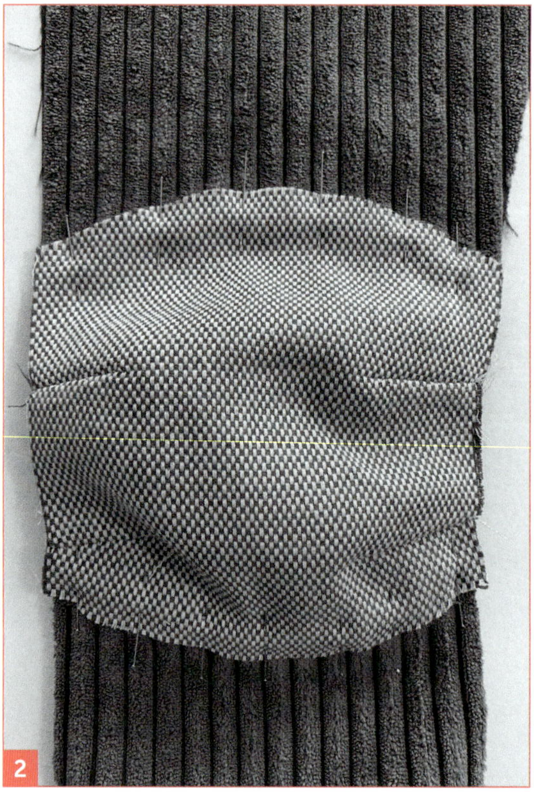

2

3

1 Die Abnäher in den Knieverstärkungen rechts auf rechts mit dem Kettenstich oder dem Geradstich nähen. Die Abnäher jeweils zueinanderzeigend bügeln. An den beiden vorderen Hosenbeinen ebenfalls die Abnäher nähen, jedoch hier links auf links legen.

2 Die Knieverstärkungen links auf rechts auf die vorderen Hosenbeine stecken, dabei auf die Markierungen im Schnitt achten.

3 Mit dem dreifachen Deckstich die obere und untere Kante der Teile aufnähen. Die Gesäßverstärkungen nach gleichem Prinzip aufnähen.

4 Ein vorderes und ein rückwärtiges Hosenbein rechts auf rechts aufeinanderstecken. Mit der Overlock die äußere und die innere Beinnaht schließen. An dem zweiten Hosenbein genauso verfahren. Alle Nahtzugaben zum rückwärtigen Hosenteil hinbügeln.

5 Ein Hosenbein wenden, sodass die rechte Stoffseite außen liegt, und dieses in das andere Hosenbein stecken. Nun die Schrittkante rechts auf rechts zusammenstecken, die inneren Beinnähte treffen aufeinander. Die Schrittnaht mit der Overlock schließen.

6 Den Taillenbund und die Bündchen am Saum annähen, wie bei Modell Herren-Sweatshirt unter Punkt 9 und 10 beschrieben.

ZUR AUTORIN

Andrea Kleins Interesse, schöne Dinge zu gestalten, begann bereits vor ihrer Ausbildung zur Schneiderin. Das anschließende Studium schloss sie als Ingenieurin für Bekleidungstechnik ab. Danach war sie viele Jahre bei Escada für die Beschaffung und Entwicklung von Stoffen zuständig.
Heute ist sie freiberuflich tätig, bietet Nähkurse an und hat das Buch „Home-Deko nähen" veröffentlicht.

DANK

Für die freundliche Zurverfügungstellung der Nähmaschinen und der Materialien bedanke ich mich herzlich bei:

Elna Deutschland GmbH
Ferd. Schmetz GmbH
Gütermann GmbH
Madeira Garne, U. + M. Schmidt & Co. GmbH
Tuchwerk Mühldorf

Ebenfalls erhältlich ...

ISBN 978-3-8410-6740-1

ISBN 978-3-8410-6763-0

ISBN 978-3-8410-6004-4

ISBN 978-3-8410-6706-7

ISBN 978-3-8410-6765-4

ISBN 978-3-8410-6784-5

www.christophorus-verlag.de

IMPRESSUM

Autorin: Andrea Klein
Modellfotos & Styling: Ulla Laser
Fotos/Abbildungen S. 9, 11, 13, 24-27: Elna Deutschland GmbH
Anleitungs- und Technikfotos: Andrea Klein
Projektmanagement: Maria Möllenkamp, Xenia Kuczera
Partnermanagement: Thomas Nehm
Lektorat: A. Reuß
Korrektorat: Mareike Weber
Umschlaggestaltung: Dominik Günzinger
Satz: Elke Mader
Repro: LUDWIG:media
Herstellung: Anna Katavic
Printed in Poland by CGS Printing

★★★★★

Sind Sie mit diesem Titel zufrieden? Dann würden wir uns über Ihre Weiterempfehlung freuen. Erzählen Sie es im Freundeskreis, berichten Sie Ihrem Buchhändler oder bewerten Sie bei Onlinekauf. Und wenn Sie Kritik, Korrekturen, Aktualisierungen haben, freuen wir uns über Ihre Nachricht an: Christian Verlag, Postfach 40 02 09, 80702 München oder per E-Mail an lektorat@verlagshaus.de.

Unser komplettes Programm finden Sie unter

www.christophorus-verlag.de

In diesem Buch wird aus Gründen der besseren Lesbarkeit das generische Maskulinum verwendet. Weibliche und anderweitige Geschlechteridentitäten werden dabei ausdrücklich mitgemeint, soweit es für die Aussage erforderlich ist.

Herstellerverzeichnis
Elna Deutschland GmbH, *www.germany.elna.com*
Ferd. Schmetz GmbH, *www.schmetz.com*
Freudenberg Performance Materials Apparel SE & Co. KG, *www.vlieseline.com*
Gütermann GmbH, *www.guetermann.com*
Madeira Garne, U. + M. Schmidt & Co. GmbH, *www.garne.madeira.de*
Tuchwerk Mühldorf, *www.tuchwerk-muehldorf.de*

Die Deutsche Nationalbibliothek verzeichnet diese Publikation in der Deutschen Nationalbibliografie; detaillierte bibliografische Daten sind im Internet über http://dnb.d-nb.de abrufbar.

ISBN 978-3-8410-6785-2

Kreativ-Service

Sie haben Fragen zu unseren Büchern und Materialien? Wir beraten Sie gern rund um alle Kreativthemen. Rufen Sie uns einfach an. Wir interessieren uns auch für Ihre eigenen Ideen und Anregungen. Sie erreichen uns per E-Mail **kreativ-service@c-verlag.de** oder unter der Tel.: **+49 (0)89-13 06 99 577**.

Besuchen Sie uns im Internet: www.christophorus-verlag.de & www.selbstgemacht.de